Gerhard Volfing

CRUCIFERI

Mystische Legenden,
Sagen und Geschichten
von den Tempelrittern

Umschlagbild vorne: Tatzenkreuz oder Templerkreuz, dargestellt als Radkreuz in byzantinischer Art in der Virgilkapelle zu Wien.
Umschlagbild hinten: Tatzenkreuz auf dem Siegel eines Ordenspräzeptors.

ISBN 978-3-7059-0253-4
1. Auflage 2007

Tel.: 03151–8487, Fax: 03151–84874
e-mail: verlag@weishaupt.at
e-bookshop: www.weishaupt.at

Druck und Bindung: Druckerei Theiss GmbH, A-9431 St. Stefan.
Printed in Austria.

Gerhard Volfing

CRUCIFERI

Mystische Legenden,
Sagen und Geschichten
von den Tempelrittern

Weishaupt Verlag

De profundis clamavi ad te, Domine

Psalmen 129,1 Vulgata

Vor 700 Jahren, und zwar am 13. Oktober 1307, wurden in einer großangelegten Aktion schlagartig alle Mitglieder des Templerordens in Frankreich verhaftet. Mit einem ungerechten Inquisitionsverfahren und durch die Gier des französischen Königs wurde eine der glänzendsten Organisationen des christlichen Abendlandes für immer ausgelöscht.

Im Gedenken an die tapferen Männer, die für diesen Orden und seine Ziele ihr Leben gaben.

Inhalt

Vorwort

Dieses Buch stellt ein Tor in eine andere Welt dar. Eine Welt, angefüllt mit Geschichten, Legenden und Sagen, über das Mittelalter und die Welt der Kreuzritter. Es will uns über eine Zeit berichten, die schon lange versunken und den meisten von uns aus dem Sinn entschwunden ist.

Auf dem Gebiet des heutigen Österreich, das ja vor noch nicht einmal einhundert Jahren in viel größerer Form bestand und unter anderem auch Gebiete des heutigen Ungarn, der Tschechischen Republik und der Slowakei umfasste, finden sich an mancherlei Orten noch nach annähernd siebenhundert Jahren Sagen und Geschichten über jenen Orden, der unter dem Namen „Arme Ritter Christi vom Tempel zu Jerusalem", oder kurz „Templer", in die Geschichte eingegangen ist.

Die meisten Hinweise finden sich in Wien, Niederösterreich und dem Burgenland. In diesem Buch soll versucht werden, die Geschichten, Sagen und Legenden über die Ritter wieder aufleben zu lassen. In den einzelnen Kapiteln werden die Geschichten bezogen auf die zugehörigen Orte nacherzählt. Diese Sagen und Legenden wurden zuletzt in den Büchern der Freiherren von Hormayr und Medniansky zu Beginn des 19. Jahrhunderts sowie in den Büchern der Grafen Mailly und Calliano zu Beginn des 20. Jahrhunderts erzählt. Da diese Werke heute nicht mehr oder nur sehr schwer zu bekommen sind, wurden sie als Quelle für dieses Buch verwendet und mit Geschichten aus der Überlieferung ergänzt.

Die einzelnen Geschichten wurden aber insofern geringfügig verändert, indem der Stil und manche Ausdrucksweisen zum Zwecke der leichteren Lesbarkeit überarbeitet wurden. Der zweite Teil jedes Kapitels stellt eine historische Betrachtung der Legenden und der zugehörigen Orte dar und versucht, dem historischen Kern der Legenden auf die Spur zu kommen. Auch wenn sich manchmal überhaupt keine Spuren der Tempelritter mehr finden lassen, so lohnt sich doch eine nähere Betrachtung der Geschichte dieser Orte.

Dokumentarisch lässt sich heute vieles nicht mehr nachweisen. Die Tatsache, dass ihre Geschichte aber noch an so vielen Orten lebendig ist, deutet auf ihr einstmals mächtiges Wirken in diesen Gegenden.

Im ersten Teil des Buches erfährt der Leser in einer kurzen Übersicht einiges über die Entstehung, die Entwicklung und über das Ende des historischen Templerordens. Den Schluss bildet eine legendenhafte Erzählung über den Untergang. Dazwischen werden verschiedene Orte bereist und ihre sagenhafte Vergangenheit aufgezeigt.

Dieses Buch möchte keinen wissenschaftlichen Beweis führen. Das wäre auch sehr schwer, denn es werden immer wieder von Historikern Thesen vertreten, die von anderen Historikern widerlegt werden, weil deren eigene Thesen von anderen Historikern widerlegt wurden. Damit wäre der eigentliche Zweck dieses Buches nicht erfüllt. Die vorliegenden Geschichten sollen die Phantasie anregen. Sollen anleiten, eigene Beobachtungen und Nachforschungen anzustellen. Vielleicht sollten wir alle aber einfach nur wieder bewusster unsere eigene Vergangenheit betrachten.

◆ ◆ ◆

Kurze Geschichte über die Tempelherren

Cruciferi, Kreuzträger oder Kreuzritter, so wurden die Tempelritter über Jahrhunderte im Volksmund genannt. Auch offiziell trugen sie manchmal diesen Namen. Davon zeugen noch heute Urkunden. Sie selbst nannten sich *arme Ritter Christi,* auch *arme Waffengefährten Christi* oder *Milites Templum Domini Hierosolymitani.* Bekannt wurden sie im Volk unter dem Namen ihres ersten Besitzes im Heiligen Land, der ihnen auf dem Tempelberg zu Jerusalem zugewiesen wurde. Man nannte sie kurz die Templer.

In die Zeit König Balduins II. von Jerusalem, ungefähr um das Jahr 1118, fällt die Gründung des Templerordens durch Hugo von Payens, eines Edelmannes aus Burgund und Teilnehmers des ersten Kreuzzuges. Balduin überlässt den Rittern einen Teil seines Palastes auf den Grundmauern des salomonischen Tempels. In diesem Teil des Palastes waren vorher Augustiner-Chorherren ansässig, was die Templer auch veranlasste, fürs Erste deren kirchliche Regeln anzunehmen.

Erst allmählich drang die Kunde von den Tempelrittern nach Europa, wo ihr Ansehen zunehmend stieg. Kirchliche Würdenträger verbreiteten das Lob auf die neue Ritterschaft. Bernhard, Abt von Clairvaux und einer der glühendsten Wortführer des Kreuzzuggedankens jener Zeit, veröffentlichte seine enthusiastische Lobrede „De laude novae militiae“ (Zum Lobe der neuen Ritterschaft), in dem er die Tugenden und die Enthaltsamkeit der Templer den weltlichen Rittern gegenüberstellte. Das Vorbild des Templerordens wurde durch den Zisterzienserabt Bernhard zum Ideal und Inbegriff aller christlichen Werte hochstilisiert.

Im Jahre 1128 wurde ihnen auf dem Konzil zu Troyes, auf Betreiben und Geheiß Bernhards, die Regel gewährt. Die Mönchskrieger, wie die Templer bereits genannt wurden, vereinigten auf sich die Ideale des Rittertums mit den Tugenden der Mönche. Heldenmut und Tapferkeit wurden vorausgesetzt. Ein Tempelritter durfte vor weniger als drei Gegnern nicht weichen. Ein Dokument mit einer päpstlichen Bestätigung der Ordensregel existiert nicht. Die in der Ordensregel umschriebenen Regeln, Freiheiten und Pflichten wurden jedoch von späteren Päpsten, in der Bulle „Omne Datum Optimum", bis zur Auflösung des Ordens bestätigt. Hugo von Payens wurde auf dem Konzil als erster Ordensmeister oder Großmeister bestätigt. Die Templer hatten die Gelübde der Armut, Keuschheit und des Gehorsams abgelegt. Die Templer waren darüber hinaus verpflichtet, dem Kampf niemals aus dem Wege zu gehen. Auf dem Konzil wurde den Rittern der weiße Mantel zuerkannt, der über dem Kettenpanzer mit dem weißen Waffenrock getragen wurde. Der weiße Habit wurde zum Markenzeichen der Ritter, unter dem sie bald unvergleichlichen Ruhm erlangen sollten. Das für sie so typische Tatzenkreuz kam 1147 durch päpstliche Verleihung hinzu.

Die Regeln umfassten Artikel für die Liturgie, den tägliche Ablauf in den Ordenshäusern, für die Kriegszüge sowie für die Aufnahme neuer Brüder und Strafmaßnahmen. Frauen fanden keine Aufnahme in den Orden.

1139 erließ Papst Innozenz II., ehemaliger Schüler des heiligen Bernhard eine Bulle dahingehend, dass der Templerorden keinem König, Bischof oder Fürsten zehentpflichtig oder zur Gefolgschaft verpflichtet ist. Die einzige Instanz, dem der Orden Gehorsam schuldete, war der Papst selbst. Der Orden war Herr über seine Güter mit eigener Rechtsprechung. Dem Orden war es erlaubt, verurteilte oder exkommunizierte Ritter aufzunehmen. Die Templer hatten auch das Privileg erhalten, in Ländern, die mit dem Interdikt belegt waren, von Zeit zu Zeit Messen abzuhalten und dafür Kollekten zu veranstalten. Die Templer besaßen darüber hinaus das Recht, Exkommunizierte auf den ordenseigenen Friedhöfen zu bestatten.

In den Jahrzehnten nach dem Konzil von Troyes vergrößerte sich der Orden durch Schenkungen und Aufnahmen von Beitrittswilligen ungemein. Jeder der aufgenommenen Brüder hatte sein Vermögen dem Orden einzubringen. Da in den ersten Jahrzehnten nur adelige Ritter auch als vollwertige Rittermönche aufgenommen wurden, vergrößerte sich laufend der Ordensbesitz. Natürlich gab es auch dienende Brüder, sogenannte Servienten, jedoch durften ausschließlich die Rittermönche den weißen Habit tragen. Viele junge Adelige aus ganz Europa traten dem Orden bei, und aus allen Teilen der christlichen Welt flossen ihm reiche Schenkungen an Geld, Gütern und Ländereien zu.

Wenige Jahrzehnte später verfügte der Orden bereits über ausgedehnte Ländereien in Outremer, das heißt im Königreich Jerusalem, in der Grafschaft Tripolis, im Fürstentum Antiochia etc., sowie in den europäischen Besitzungen in Frankreich, Aquitanien, Burgund,

England, Schottland, Spanien und Portugal, sowie später auch im Heiligen römischen Reich deutscher Nation, in Italien und Ungarn. Dem einzelnen Ordensmitglied war gemäß der Ordensregel persönliche Armut vorgeschrieben, nicht dem Orden.

„Non nobis Domine, non nobis, sed nomini tuo da Gloriam". Dieses, bereits in der Regel des heiligen Benedikt von Nursia und noch heute in den gregorianischen Gesängen der Zisterziensermönche verwendete ehrerbietige Lob an Gott wurde zum Leitsatz der Kriegermönche. „Nicht uns Herr, nicht uns, sondern deinem Namen sei Ehre." Der heilige Bernhard von Clairvaux hatte den pauperes comilitones Christi rühmend nachgesagt, dass sie nicht nach eitlem Ruhm trachten und nicht bewundert werden wollen. Sie trachten nach Kampf und Sieg zur höheren Ehre Gottes.

Sie waren gefürchtet. Sie durften einer dreifachen Übermacht nicht weichen. Sahen sie im Kampf die Kriegsstandarte des Ordens fallen, so hatte der Turkopolier, der Kommandant der leichten Reiterei, eine Reservestandarte um seine Lanze gewickelt, die er in diesem Moment zu entfalten hatte. Waren aber nur noch wenige Ordensangehörige auf dem Schlachtfeld übrig geblieben, so durften auch diese nicht weichen, sondern hatten sich um das nächste christliche Banner zu versammeln, vorzugsweise das der Johanniter. Gefangengenommene Ritter durften aus dem Ordensschatz nicht freigekauft werden. Die von den Sarazenen in diesem Falle gestellte Alternative, Übertritt zum Islam, wurde in den allermeisten Fällen abgelehnt. Diese Gründe und die in tiefem Glauben verwurzelte Zuversicht waren ausschlaggebend für ihre viel gerühmte Tapferkeit.

1144 wurde durch den Emir Imad ad-Din Zengi die Grafschaft Edessa den lateinischen Herrschern wieder abgenommen. Papst Eugen III. veröffentlichte daraufhin im folgenden Jahr verschiedene Kreuzzugsbullen, in denen er zu einem neuen Kreuzzug unter der Führung des französischen Königs Ludwig VII., des Heiligen, aufrief und an dem nur gut gerüstete Ritter und Kämpfer teilnehmen sollten. Aber auch Bernhard, der Abt von Clairvaux, beteiligte sich wieder an den Kreuzzugspredigten. Er erreichte damit, dass sowohl der deutsche Kaiser Konrad III. als auch viele andere Fürsten das Kreuz nahmen. Die Templer waren auch bei diesem Kreuzzug wieder an vorderster Front dabei. Sie beschlossen ihre Beteiligung am 27. April 1147 auf dem Kapitel von Paris. Die Führung übernahm der Großmeister Eberhard von Barres.

Ein Chronist der Zeit, der am zweiten Kreuzzug teilnahm, schilderte die Ereignisse: „Der Templermeister Eberhard von Barres, ein achtbarer Mann wegen seines frommen Charakters und tüchtiges Vorbild für alle Ritter, hielt den Türken mit Hilfe seiner Brüder stand, die mit Weisheit und Mut über die Verteidigung dessen wachten, was ihnen gehörte, und schützte auch mit all seiner Macht und kraftvoll das, was den anderen gehörte.

Dem König gefiel es seinerseits, ihnen bei ihrem Tun zuzuschauen und ihnen nachzueifern, und er wollte, das ganze Heer solle sich bemühen, ihrem Beispiel zu folgen, wohlwissend, dass, wenn der Hunger die Kräfte der Männer untergräbt, allein gemeinsames Streben und aller Mut die Schwachen unterstützen kann. Es wurde also mit Zustimmung aller beschlossen, dass sich in dieser gefährlichen Lage alle in gegenseitiger Brüderlichkeit mit den Templerbrüdern vereinen, dass Arme wie Reiche sich bei ihrem Glauben verpflichteten, das Lager nicht zu fliehen und in allen Dingen den ihnen gegebenen Meistern zu gehorchen."

Im Jahre 1153 wurde bei der Einnahme von Askalon der Templermeister Bernhard von Trémelay mit seinen Rittern durch die Verteidiger getötet. Die Stadtbewohner hängten die Köpfe der Templer zur Warnung für das christliche Heer an die Stadtmauer. Askalon wurde trotzdem am 22. August 1153 eingenommen. Die Beteiligung der Ritterorden an den diversen militärischen Auseinandersetzungen dieser Zeit war enorm, hatten sie doch als einzige sozusagen ein stehendes Heer in ständiger Alarmbereitschaft. Die wichtigsten Feldzüge dieser Zeit wurden zwischen 1163 und 1168 in Ägypten geführt. In einigen Schätzungen heißt es, dass die Templer während der andauernden Gefechte 600 Ritter und 12.000 dienende Brüder verloren haben und dass es dem Orden daher nicht möglich war, an einem neuerlichen Feldzug 1168 teilzunehmen.

Nach dem Tod Nur-ed-Dins gelang es Saladin 1174, Syrien und Ägypten erstmals zu einen. Dadurch war eine schwierige Situation für die christlichen Fürstentümer entstanden. Die geeinten Feinde waren nun sowohl im Norden, als auch im Süden. Zu Beginn des Jahres 1187 hatte Rainald von Châtillon, der Herr von Kerak, trotz eines gültigen Waffenstillstandsabkommens, eine Karawane überfallen, die in Reichweite seiner Festung vorüberzog. Ähnliches hatte sich schon öfter zugetragen, jedoch konnten die Gemüter immer wieder beruhigt werden. Diesmal jedoch befand sich ein Mitglied von Saladins Hof bei der Karawane. Die muslimische Empörung war dementsprechend groß. Saladin forderte von König Guido Genugtuung. Rainald lehnte den Befehl des Königs, die Beute zurückzugeben, jedoch ab. Saladin nutzte die Empörung und konnte alle musli-

führten. Von allen Annehmlichkeiten und dem Luxus, die das Leben in den Kreuzfahrerstaaten bot, blieben die Templer, gebunden an die Ordensregeln, aber ausgeschlossen. In Friedenszeiten lebten sie ganz ihrer Mission nach strengen monastischen Ordensregeln, im Krieg stand ihnen der meist sichere Tod vor Augen.

Die politische Tätigkeit des Ordens brachte auch enge Verbindungen auf wirtschaftlicher und kultureller Basis mit der islamischen Welt. Die islamischen Herrscher brachten den Templern mehr Respekt entgegen als jedem anderen Europäer. Auch zu den Assassinen, der für ihre fundamentalistische Auslegung des Islam bekannten Sekte des Alten vom Berge, die gewissermaßen das islamische Gegenstück zu den Templern darstellte, wurden diplomatische Beziehungen unterhalten. Das brachte dem Orden oftmals das Misstrauen und den Hass christlicher Herrscher ein. Durch die beständigen Kontakte mit Byzanz und den Sarazenen wurde den Ordensrittern auch immer neues Wissen vermittelt. Der Orden nahm dieses Wissen auch an, gab aber nur soviel davon weiter, wie es dem kirchlichen Weltbild der Europäer auch zuträglich war, ohne dem Orden zu schaden.

Der Templerorden war in sich kosmopolitisch und weltoffen. Die erste übernationale Gesellschaft, die auch Andersdenkenden und anderen Religionen die notwendige Achtung entgegenbrachte. Im Orden waren auch Astronomie, Heilkunde, antikes Gedankengut, die Baukunst, Mathematik und Geometrie viel gebrauchte Wissensgebiete.

Überall, wo der Orden beheimatet war, wurden das Vermessungswesen, die Erstellung von Landkarten, der Straßenbau und die Schifffahrt ausgebaut. Die einzelnen Konvente wurden mit Straßen, die mit Ordenshäusern versehen wurden, verbunden. Diese Straßen waren sicher für die Reisenden. Templerbesitz war sicheres Land. Auf ihrem Grund und Boden gediehen die Felderwirtschaft und die Viehzucht. Es gab keinen Hunger und keine wesentlichen Krankheiten, schon gar keine Epidemien oder Seuchen. Der Orden besaß eigene Häfen und Schiffsbauwerften an den Atlantikküsten und im Mittelmeer. Waren die Templerschiffe in anderen Häfen stationiert, so zum Beispiel in Marseille, so wurden sie mit einer festgelegten Anzahl erlaubter Transporte im Jahr beschränkt. Die Templer konnten diese Behinderung dadurch umgehen, indem die Flotte so vergrößert und die Ladekapazität der Schiffe derartig erhöht wurde, dass trotzdem genug Pilger transportiert werden konnten, um keine Verluste entstehen zu lassen.

Die Ausdehnung der europäischen Ordensbesitzungen über Frankreich und Burgund hinaus erfolgte zunächst über Lothringen ins deutsche Reich. Die anfangs wenigen Besitzungen in Böhmen, Mähren und Österreich unterstanden dem „Präzeptor per allemaniam". Später wurden eigene Komthureien zuerst in Prag (St. Laurentius), in Brünn und in Scheikwitz in Südmähren gegründet. Das um das Jahr 1200 in Wien gegründete Ordenshaus sowie die in der 2. Hälfte des 13. Jahrhunderts genannten Besitzungen in Österreich unterstanden stets dem Konvent in Scheikwitz. Ungarn und mit ihm die Besitzungen in den ehemaligen westungarischen Komitaten, im heutigen Burgenland, unterstanden dem Kapitel in Gran.

Zu Beginn des Jahres 1305 kam ein Bote namens Esquieu de Floyran, ein aus dem Orden ausgestoßener ehemaliger Templer, an den Hof Jaimes II., König von Aragón, um Verrat am Orden zu begehen. König Jaime konnte mit dem Boten nichts rechtes anfangen und schickte ihn mit dieser Botschaft nach Paris zu Philipp von Frankreich. Philipp, der ständig in Geldschwierigkeiten war und dem die Machtentfaltung des Ordens, inmitten seines Königreiches, nicht egal sein konnte, schreckte vor der Vernichtung des Ordens nicht zurück. Am Morgen des 13. Oktobers 1307, ausgerechnet einem Freitag, ließ der König durch seinen Kanzler Nogaret alle Templer und deren Würdenträger, deren er auf dem damaligen französischen Gebiet habhaft werden konnte, auf einen Schlag verhaften.

Von Anfang an standen die Ordensleute unter der Androhung der Folter. Bei vielen wurde sie auch angewandt, da die kampferfahrenen Ritter eben nun mal nicht so schreckhaft waren. In der Mehrzahl aber bestanden die Verhafteten aus alten Männern und dienendem Personal. Viele der Ordensritter waren ja erst vor kurzem bei den letzten Sarazenenkämpfen gefallen oder standen in Spanien im Maurenkampf. Die Ordensangehörigen, selbst der Großmeister Jaques de Molay, wurden unter Androhung der Folter dazu gebracht, die verschiedenen Anklagen gegen den Orden als Wahrheit zu bekennen. Die Templer wurden beschuldigt, bei der Aufnahme in den Orden Christus verleugnet und das Kreuz bespuckt zu haben. Sie wurden der Sodomie, der Ketzerei und des Götzendienstes angeklagt. Schon drei Tage nach der Festnahme der Templer in Frankreich gingen Schreiben des Königs ins Ausland, um alle Welt über die Verbrechen der Tempelritter aufzuklären und die Könige von England, Aragón und Portugal aufzufordern, ähnliche Maßnahmen zu ergreifen. Philipp machte ihnen die Verhaftung der Templer durch die Aussicht auf deren Ländereien und Vermögen schmackhaft, doch diese unternahmen vorerst überhaupt nichts. Auch als später Verhaftungen in diesen und anderen Ländern durchgeführt wurden, war die Behandlung der Templer durchaus milder. Oftmals wurden sie sogar von allen Vorwürfen freigesprochen. Der portugiesische König Diniz nahm die Verwaltung der lusitanischen Templerbesitzungen in seine eigenen Hände. Nach einigen Jahren und der Beruhigung der Situation wurde durch ihn der Christusorden gestiftet, der sich ausschließlich aus ehemaligen Templern rekrutierte. Der in der Zwischenzeit durch die königliche Hand verwaltete Ordensbesitz wurde zur Gänze an den Christusorden übergeben. Die Ritter behielten den weißen Habit mit dem roten Kreuz, wobei nunmehr im roten ein weißes Kreuz zu sehen war, gewissermaßen als Zeichen der Läuterung des Ordens. Dieses Kreuz des Christusordens prangte noch 1492 auf den Segeln von Don Christopher Columbus' Caravellen.

Ende des Jahres 1310 legte die päpstliche Kommission ihre Ergebnisse vor und verweigerte auf Grund der vorliegenden Beweise, den Orden zu verteidigen. Damit war den Unglücklichen die letzte Hoffnung genommen. Wer von den Templern jetzt noch in den Kerkern schmachtete, hatte jede Zuversicht aufgegeben. Das größte Verbrechen, das den Templern angelastet wurde, war die Verehrung eines Götzenbildes, das Baphomet genannt wurde. Die Beschreibungen in den Verhören sind unterschiedlich. Einmal ist von einem Kopf aus Holz, einmal von einer Figur aus Stein die Rede. Er wurde beschrieben als Gesicht mit oder ohne Bart. Manchmal hatte er Füße, manchmal auch keine.

Das Konzil zu Vienne, das unter anderem auch das Templerproblem abhandeln sollte, begann mit einer ersten Sitzung am 16. Oktober 1311. Der Fall der Templer wurde jedoch nicht vor der gesamten Vollversammlung besprochen, sondern war auf zwei Gremien aufgeteilt, die Papst Clemens V. zusammengestellt hatte. Doch als der Papst merkte, dass sich die Teilnehmer des Konzils für die Verteidigung des Ordens aussprechen wollten, suchte er nach einer anderen Möglichkeit, um die Templer auszuschalten. Der Orden sollte auf dem Verwaltungsweg aufgelöst werden.

Am 3. April 1312 fand in der Kathedrale von Vienne feierlich die entsprechende Schlusssitzung statt und Clemens verkündete mit der päpstlichen Bulle „Vox in excelso" die Aufhebung des Templerordens für alle Zeiten. Damit war der Orden der Templer endgültig ausgelöscht. Die Güter des Ordens wurden offiziell dem Johanniterorden übergeben. In Wirklichkeit mussten die Johanniter dem französischen König eine hohe Summe für die Ablöse der Templerbesitzungen bezahlen, was ungefähr ihrem Wert entsprach, jedoch den Ertrag aus diesen Ländereien über Jahre hinaus zunichte machte.

Einige von den rückfälligen Templern, die ihr Geständnis widerrufen haben, sollen noch auf dem Scheiterhaufen verbrannt worden sein, viele ausgestoßene durchzogen Europa, verkleidet und verfemt, andere wurden Klöstern überwiesen, wo sie, die einst so Gefeierten, unliebsame und verachtete Kostgänger waren. Es gibt aber auch Berichte, nach denen Templer unter gleichen Würden im Johanniterorden willkommen waren.

Der endgültige Schlussstrich wurde in Paris gesetzt. Am 18. März 1314 war eine Tribüne im Vorhof der Kathedrale Notre Dame aufgestellt worden, von wo die päpstlichen Abgesandten in aller Öffentlichkeit das letzte Urteil sprechen sollten. Neben ihnen, auf einem hohen zweiten Gerüst, standen gefesselt Molay, einst „von Gottes Gnaden Meister des Tempels", Gottfried von Charney, Präzeptor der Normandie, beide die letzten Zeugen der Kreuzzüge; Hugo von Pairaud, höchster Ordensträger für Frankreich, und Gottfried von Gonneville, Meister von Poitou und Guienne. Keiner der Prälaten mochte zweifeln, dass die Kraft der Gefangenen gebrochen, von diesen alten Männern nichts mehr zu befürchten war. Der Triumph würde vollständig sein, die letzten Zweifel zerstreuen, den Abscheu siegen lassen über das Mitleid. Die schmähliche Liste der den Templern zur Last gelegten Verbrechen wurde von einem der Kardinäle nochmals verlesen, Punkt für Punkt, die Geständnisse der gemarterten und gedemütigten Wort für Wort wiederholt. Es folgte die Verkündung der Strafe, die auf ewige Einkerkerung lautete.

Der alte Großmeister war es, der noch einmal laut seine Stimme erhob, so dass es alle Anwesenden und das versammelte Volk hören konnten. Mit heller und klarer Stimme, die niemand diesem gebeugten Greis zugetraut hatte, widerrief er zum allerletzten Male sein Geständnis und sprach den Orden von aller Schuld frei. Der Präzeptor der Normandie war zustimmend neben Molay getreten. Die anderen beiden Angeklagten schwiegen. Sie wurden abgeführt. Niemals wieder wurde etwas von ihnen vernommen. Molay aber und seinen alten Waffengefährten übergab man dem Henker. Auf einer kleinen Insel, die heute den westlichsten Punkt der Ile de la Cite bildet, wurde der Scheiterhaufen aufgerichtet. Unter den Zahllosen, die sich eingefunden hatten, war auch der Dichter Gottfried von Paris, der die Szene festgehalten hat. Um die Vesperstunde war es, gegen 6 Uhr abends. Man hatte den Holzstoß nur langsam in Brand gesetzt, dass die Qual verlängert würde und vielleicht in diesem allerletzten

Augenblick noch ein Geständnis erpresst werden könnte. Es heißt, König Philipp habe von einem Fenster seines Palastes herübergesehen, da er die Menge scheute.

Gottfried von Paris erzählt darüber Folgendes. Der Großmeister, der das Feuer angezündet sah, entkleidete sich ohne Zögern. Ganz nackt in seinem Hemd kam er heran, mit leichtem Schritt und froher Miene, ohne irgendwie zu zittern, trotzdem man ihn zog und stieß. Man nahm ihn, um ihn an den Pfahl zu binden, und wollte ihm die Hände fesseln, aber er sagte zu den Henkern: „Ihr Herren, lasst mich wenigstens meine Hände falten und Gott mein Gebet darbringen, es ist wohl der Augenblick dazu gekommen. Ich werde sterben. Gott weiß, dass es zu Unrecht geschieht. Ihr Herren, wisst, dass alle jene, die gegen uns waren, für uns werden leiden müssen. In diesem Glauben sterbe ich. Dreht mich bitte, mit dem Gesicht zu der Jungfrau, die unseren Herrn Christus geboren hat.“ Damit meinte er die Kathedrale. Die Henker erfüllten die Bitte. Jakob von Molay trat noch für die Unschuld des Ordens ein, soviel er konnte, und als ob er die Flammen gar nicht spürte, so dass die Menge mit Bewunderung und Entsetzen erfüllt wurde. Den Blick nach Notre Dame gerichtet, nahm ihn der Tod so sanft hinweg, dass alle sich erstaunten, schließt Gottfried von Paris.

Dieser Tod war ein Sieg, nicht nur für Jakob von Molay. Der Oberste der Templer hatte ein letztes Mal Zeugnis abgelegt für den gemordeten Orden. Sterbliches war zerstört, Unsterbliches gerettet. Es wird berichtet, dass in der darauffolgenden Nacht die Mönche von Saint-Germain des Pres kamen, um in der Asche nach den Gebeinen zu suchen, die sie in geweihter Erde begraben und weiterhin heilig halten wollten. Alle Templer, die ein gleiches Schicksal erlitten, seien wie Heilige angesehen worden, berichtet eine französische Chronik. Was den Ordensleuten während ihrer Gefangenschaft und der Verhöre, zwischen 1307 und 1314, widerfahren ist, kann als institutionalisierter Massenmord unter besonders erniedrigenden Umständen bezeichnet werden. Die unter der Tortur erpressten Aussagen müssen samt und sonders verworfen werden.

◆ ◆ ◆

Anmerkung: Eine ausführliche Darstellung des Templerordens auf Basis geschichtlicher Quellen sowie das Wirken der Templer auf österreichischem Gebiet wurden vom Autor in den Büchern „Auf den Spuren der Templer in Österreich", Verlag Weishaupt 2001, und „Die Macht des Templerordens", Verlag Weishaupt 2003, veröffentlicht. In diesen Büchern finden sich darüber hinaus Hinweise auf weiterführende Literatur zu diesem Thema.

Die Blutgasse in Wien

Die uralte Legende aus Wien berichtet, als im Jahre 1312 der Templerorden aufgehoben wurde, alle Ordensbrüder ermordet worden seien. Die in Wien anwesenden Templer flüchteten sich aus ihrem Hofe, dem sogenannten Fähnrichshof, und wurden in einem kleinen Gässchen hinter St. Stephan alle durch die Schergen niedergemetzelt. Seit jener Zeit führt das Gässchen, das die Domgasse mit der Singerstraße verbindet, den Namen Blutgasse. Doch lassen wir den Chronisten berichten:

In Wien gibt es ein Haus, das mit Tierhörnern angefüllt ist. Es liegt in der engen Schulerstraße, und diese ist eine der ältesten Straßen der Stadt, die zur Bastei der Dominikaner hinabführt und weiter zur Brücke, die jenen Arm der Donau überspannt, der zu allen Zeiten den Norden und Osten Wiens umfloss.

Hinter diesem seltsamen Haus steigt eine Art Festung auf, die von unzähligen kleinen Türen durchlöchert ist, ein dunkler, abweisender Block aus Häusern, die ineinander verschachtelt sind, mit Mauern von zwei und drei Metern Dicke und Wappen, die an die längst versunkene Vergangenheit der Stadt erinnern. Mit ihren Strebemauern aus grauem Stein, ihren Prellsteinen, zum Teil herausgerissen und hier und dort am Mauerwerk ruhend (einige bis auf die Zeiten der Römer zurückgehend), mit ihren Gittern aus geschmiedetem Eisen, viereckigen Steinplatten, einer Rinne in der Mitte der Straße und ihren kalten Schatten liegt dort die Blutgasse. Der ganze Teil dieses Hauses mit den Tierhörnern ist von einer fast greifbaren Atmosphäre von Leidenschaften, Mord und Gespenstern eingehüllt. Falltüren und Stiegen führen auf Höfe hinaus; über einem Altar brennt eine ewige Lampe, die das Malteserkreuz aufweist, eine Lampe, deren Aufgabe es zu sein scheint, mit Blumen und einem Bild der Heiligen Jungfrau die aus der Tiefe heraufflutenden dunklen Kräfte zurückzudrängen. Aber die sieben kalten Höfe, von Steintreppen und Gewölbegängen wie in einem Kloster umgeben, scheinen jeder Reue gegenüber dem, dessen Zeugen sie wurden, unzugänglich.

In uralter Zeit, als das Haus der Hörner noch eine Pfründe der Kirche war, hielt dort der mächtige Templerorden Hof, hatte dort seinen Sitz und sein Heiligtum. In den unterirdischen Gewölben erheben sich noch die Mauern entlang die Deckplatten der Sarkophage, auf denen das in den Stein gemeißelte Kreuz das Abbild des Pfeilers des Ordens überragt: das Kreuz der Templer, weder Ankerkreuz noch Jerusalemkreuz, sondern ein aus dem Schlangenkreuz abgeleitetes Kreuz. Auf den alten Abbildungen teilt sich jeder Balken des Kreuzes in zwei im Profil dargestellte Schlangenköpfe auf, welche die Zunge herausstrecken.

Es scheint, dass die Templer allem, was aus zwei Elementen bestand, was dualistisch und feminin war, zugunsten des Maskulinen und des Einheitlichen, das durch den Pfeiler symbolisiert wurde, den Kampf angesagt hatten. Die acht Schlangen waren das Abbild der doppelt ineinander verwickelten Materie, des Positiven und des Negativen.

In den echolosen Gewölben, die die Katakomben der alten Stephanskirche gewesen waren, hielten die österreichischen Templer, abgeschieden von der Welt des Materiellen, die sie ebenso wie die Katharer verdammten, ihre äußerst geheimen Sitzungen ab. Sie schuldeten die Beichte für ihre Fehltritte nur den Geistlichen ihres eigenen Ordens, nichts drang davon nach außen.

In Frankreich hatte Philipp der Schöne (den die Deutschen Philipp den Frechen nannten) die Würdenträger des Ordens auf dem Scheiterhaufen verbrennen lassen und den Orden selber aufgelöst. In Deutschland war unter der Regierung Friedrichs des Schönen, Wildgraf Hugo, der in Wien residierte, der Meister des Ordens. Der Fähnrichshof, im Schatten des Domes gelegen, war mit seinen Grundmauern aus riesigen Felsblöcken, mit seinen Kellern und unterirdischen Sälen, die bis in den Bereich der Katakomben vordrangen, das feste Haus des Ordens. Alle angrenzenden Häuser gehörten ihm. Zwischen den Gräbern auf dem Friedhof um die Kirchen herum schritten die Templer in ihren langen weißen, mit einem roten Kreuz geschmückten Mänteln einher.

Auf die Nachricht vom Prozess und von der Hinrichtung des Großmeisters in Frankreich hin, ließ Wildgraf Hugo seine Tempelritter aus Wien abziehen. Sie ritten bis Eggenburg. Dort wurden sie durch Verrat überrumpelt. Es trat ein Rat der Kirche zusammen und forderte sie auf, unter Zusicherung ihrer Unversehrtheit nach Wien zurückzukehren. Sie kamen wieder. Kaum waren sie eingetroffen, als man die Tore der Stadt schließen ließ. Sie verschanzten sich in ihrem festen Haus. Man schloss sie in ihren Höfen und unterirdischen Gewölben, deren Ausgänge durch die Stadtbüttel bewacht wurden, ein. Mit Morgensternen, jenen fürchterlichen Waffen von mit Stacheln bewehrten Kugeln, wurden sie niedergemacht. Ein höchst parteiisches Gericht, das selber den schlimmsten Ausschweifungen huldigte, urteilte sie ab. Es wird behauptet, dass einige unter ihnen der Umarmung der eisernen Jungfrau, einer ausgehöhlten Holzfigur in Frauengestalt, im Inneren mit Stacheln besetzt, die sich durch den Körper des Eingeschlossenen hindurch trafen, überantwortet wurden.

Zur Erinnerung an das Blut der Templer, so heißt es in der Chronik, an das Blut, mit dem ihre Umhänge überströmt waren und das über den Hang hinab rieselte, der zur Singerstraße hin abfällt, erhielt diese dunkle Gasse den Namen Blutgasse.

Um diesen Ort wieder christlich zu machen, an dem man zweifellos auch heidnischen, aus Asien stammenden Kulten gehuldigt hatte, errichtete man über diesen unreinen Kellern an der Stelle des Hauses der Templer eine Säule, die dem Heiligen Johannes geweiht war. Denn die Güter dieser Mönchsritter waren nach dem Gesetz dem Orden des heiligen Johannes von Jerusalem überlassen worden.

Die Gasse hat sich ihre unheimliche Atmosphäre bewahrt. An der Ecke der Singerstraße kann man zuweilen an nebligen Abenden den Grafen Leiningen und den Ritter von Kranich ohne Kopf zwischen den blinden Mauern einhergehen sehen. Auch ein Frauengespenst soll dort umherstreifen, das einer eines gewaltsamen Todes gestorbenen Frau, oder das Gespenst jener Frau, die andere sterben ließ. Alle diese Steine strahlen immer noch Unruhe aus.

◆ ◆ ◆

Woher der Name Blutgasse kommt, kann historisch nicht nachvollzogen werden. Es gibt mehrere mögliche Erklärungen. Eine erzählt von Schlachthäusern, die hier im 13. und 14. Jahrhundert angesiedelt waren. Das Tierblut wurde demnach durch Rinnen in die Gasse geleitet. Eine andere erzählt von eben jener Begebenheit, dass im Fähnrichshof im Jahre 1312 nach der Aufhebung des Templerordens die Ritter dort getötet worden seien und dass die Gasse voll mit ihrem Blut war.

Das mögliche Besitzrecht der Templer im Blutgassenviertel ist nicht zu belegen. Jedenfalls hatte der deutsche Ritterorden hier seit dem Mittelalter Besitz. Historisch einwandfrei zu belegen ist die Präsenz der Templer innerhalb der Stadtmauern Wiens aber durch eine Urkunde aus dem Jahre 1302, welche im Schottenstift zu Wien aufbewahrt wird. Zu jenen Zeiten lag auf dem Gebiet der

Teinfaltstraße der nach den Herren von Passau benannte Domvogtshof. Der Templerkonvent von Scheikwitz besaß auf diesem Gebiet 1302 das Grundrecht. Dieses Grundrecht wird im Tausch mit dem Schottenstift gegen eine Backstube (Wirtschaftshof) in der heutigen Bräunerstraße abgetreten. Der Grund für diesen Tausch wird nicht erwähnt, jedoch dürfte dieser in beständigen Zinsstreitigkeiten mit dem Schottenkloster gelegen haben. Bauliche Reste oder Spuren aus dieser Zeit sind keine mehr vorhanden. Im Archiv des Benediktinerstiftes zu den Schotten liegt noch heute das Original der Urkunde, geschrieben auf Pergament. Sowohl die Sigel der Abtei als auch die Siegel des Templerkonventes von Scheikwitz und des Komthurs sind verloren.

Der Aussteller der im Schottenstift verwahrten Urkunde war Bruder Ekko, der als Komthur des Templerordens die besagte Urkunde am 30. September im Templerhause zu Wien siegelt. Mit der Aufhebung des Ordens hat dieser Tausch noch nichts zu tun, da der entscheidende Schlag erst vier Jahre später, und zwar in Frankreich geführt wird.

Über den Templerbesitz in der Bräunerstraße ist außer im Zusammenhang mit der vorher beschriebenen Urkunde nichts bekannt. Es muss sich dabei aber um eine, dem getauschten Besitz adäquate Liegenschaft, also etwa einen Wirtschaftshof, gehandelt haben. Die Bezeichnung Backstube weist in diesem Zusammenhang auf das Privileg der Brotherstellung und des Vertriebes der Backwaren hin. Jedenfalls lag es nicht in der Natur des Templerordens, Besitz billig zu veräußern oder gegen Minderwertiges einzutauschen. Man kann davon ausgehen, dass dieser Besitz bis zur Aufhebung des Ordens durch Papst Clemens V., am 3. April 1312 auf dem Konzil zu Vienne, dem Konvent in Scheikwitz unterstand.

Die schlagartige Verhaftung aller Ordensmitglieder in Frankreich, deren man habhaft werden konnte, in den frühen Morgenstunden des 13. Oktober 1307, ausgerechnet an einem Freitag, führte nicht automatisch und sofort zur Auflösung aller Templerbesitzungen außerhalb Frankreichs. Die Zerschlagung und Aufteilungen der Besitzungen im Heiligen römischen Reich folgte erst nach und nach, im Anschluss an die Aufhebung des Ordens durch den Papst.

Die Bereinigung dieser Angelegenheiten verlief außerhalb Frankreichs auch weit unspektakulärer. Die Besitzungen wurden durch die Landesherren als erledigte ehemalige Schenkungen und Stiftungen eingezogen oder, entsprechend den Anweisungen des Papstes, an den Johanniterorden übergeben. Es steht außer Zweifel, dass in die-

Im Blutgassenviertel, mit seinen Relikten mittelalterlicher Bauten, ist heute noch der Hauch der Jahrhunderte spürbar. In den vielen Innenhöfen, die immer wieder zu sich selbst zurückführen, atmet jeder Stein die Geschichte und die Tragödien der Menschen, die hier gelebt haben.

sem Zusammenhang Urkundenfälschung betrieben wurde, Templerurkunden vernichtet wurden, um diese Besitzungen nicht an die Johanniter übergeben zu müssen.

Da aus den Archiven nichts über Templerprozesse in Wien bekannt ist, wird auch der Mord an den Ordensleuten in Wien, ob in der Blutgasse oder ihren anderen Besitzungen, in das Reich der Legende zu verweisen sein.

Weitere Hinweise auf Templerbesitzungen in der unmittelbaren Umgebung der mittelalterlichen Stadtmauern finden sich im Zusammenhang mit den Johanniterbesitzungen. So soll etwa bereits 1277 die Johanniterkommende in Unterlaa ein dort bestehendes Mautrecht von den Templern erworben haben. Die Johanniterkirche von Unterlaa, die Bestandteil der damaligen Kommende war, ist die älteste noch bestehende Kirche Wiens und kann noch heute besucht werden. Die älteste Johanniskirche wurde bereits in karolingischer Zeit, wahrscheinlich Anfang des 9. Jahrhunderts, unter Einbeziehung eines römischen Grabhauses errichtet. Der Johanniterorden, wahrscheinlich die Kommende Unterlaa, besaß um 1310 auch die „Öde Mühle“, die 1346 nach einem Zwischenverkauf an das Schottenstift in Wien gelangte. Möglicherweise handelt es sich bei dieser Mühle um einen von den Templern an die Johanniter gelangten Besitz.

◆ ◆ ◆

Santa Maria Rotunda und der Basilisk

In der nun folgenden Sage werden die Tempelritter nicht direkt genannt. In der auf die Sage folgenden geschichtlichen Erklärung wird aber der Zusammenhang zu den Rittern erklärt. Doch soll nun fürs Erste die Geschichte vom Basilisken erzählt werden.

An einem Junimorgen des Jahres 1212 hatte sich vor dem Bäckergeschäft des ebenso wohlhabenden wie habgierigen Meisters Garhibl in der Schönlaterngasse 7 eine große Menschenmenge versammelt. Das Haustor war geschlossen, aber von drinnen hörte man die Bewohner ganz jämmerlich schreien. Immer mehr Neugierige fanden sich ein. Schließlich wollten einige mutige Männer das Tor einschlagen, während ein paar andere zum Stadtrichter Jakob von der Hülben liefen und ihm meldeten, dass im Haus des Bäckermeisters etwas Schreckliches vorgehen müsse.

Inzwischen aber hatte der Bäckermeister sein Haustor geöffnet und stand nun totenblass vor der sich neugierig herandrängenden Menge, die ihn mit Fragen bestürmte. Bevor aber der Bäckermeister antworten konnte, kam der Stadtrichter an der Spitze seiner Scharwache daher und fragte den schlotternden Garhibl, was denn der Grund dieser verbotenen Ruhestörung sei.

„Herr Stadtrichter", stotterte der Meister, „in meinem Haus ist ein schreckliches Untier. Als heute früh eine meiner Mägde aus dem Ziehbrunnen Wasser schöpfen wollte, bemerkte sie tief unten im Brunnen ein Glitzern und Leuchten, aber gleichzeitig drang ein so scheußlicher Gestank zu ihr herauf, dass sie fast ohnmächtig wurde. Sie lief laut schreiend ins Haus zurück. Der Lehrjunge erklärte sich gleich bereit, die Sache näher zu untersuchen. Er ließ sich an ein Seil binden, nahm eine Pechfackel in die Hand und stieg in den Brunnen hinab. Er war aber noch gar nicht weit im Schacht unten, als er einen entsetzlichen Schrei ausstieß und die Fackel fallen ließ. Wir zogen ihn rasch wieder herauf. Der arme Bursche war mehr tot als lebendig. Als er wieder zu sich gekommen war, erzählte er, auf dem Grund des Brunnens sitze ein scheußliches Ungeheuer, das halb wie ein Hahn und halb wie eine Kröte aussehe. Seine Beine seien plump und warzig, es habe einen zackigen Schuppenschwanz und auf dem

Kopf trage es ein feuriges Krönlein. Das Untier habe dem Lehrjungen so giftige Blicke zugeworfen, dass er glaubte, seine letzte Stunde wäre gekommen. Hätten wir ihn nicht rasch in die Höhe gezogen", schloss der Bäckermeister seinen Bericht, „wäre er sicher im Brunnen gestorben".

Der Stadtrichter war ratlos und wusste sich in dieser absonderlichen Angelegenheit keinen Rat. Unter den Neugierigen befand sich aber auch ein gelehrter Mann, der Doktor Heinrich Pollitzer. Dieser trat zu dem Stadtrichter und sagte, er wüsste, um was es sich handelte, und bat um die Erlaubnis, die Leute zu beruhigen. „Das Tier", erklärte er, „das man im Brunnen des Hauses gesehen hat, ist ein Basilisk. Ein Basilisk entsteht aus einem Ei, das ein Hahn gelegt und eine Kröte ausgebrütet hat. Schon der alte römische Schriftsteller Plinius hat ein solches Tier beschrieben. Es ist äußerst giftig, sogar sein Atem, ja sein bloßer Anblick ist todbringend. Es muss schleunigst umgebracht werden. Das kann aber nur dadurch geschehen, dass man dem Basilisken einen Spiegel vorhält. Sobald das Tier sein eigenes scheußliches Bild im Spiegel sieht, gerät es darüber so in Wut, dass es zerplatzt. Wenn sich jemand findet, der dieses gefährliche Abenteuer auf sich nehmen will", wandte sich der Gelehrte an den Bäckermeister, „so kann euer Haus von dem schrecklichen Tier befreit werden".

Die Menge hatte schweigend zugehört, der Bäckermeister aber rief sofort: „Wer von euch hat Mut, dem Basilisken einen Spiegel vorzuhalten? Er soll es nicht bereuen, ich will ihn reichlich belohnen".

Hätte der Bäckermeister ein Fass mit Gold vor die Leute hingestellt, sie hätten doch keine Lust gehabt, in den Brunnen zu steigen. Niemand sagte ein Wort. Die stärksten Männer waren die ersten, die sich davonstahlen, und nach und nach verliefen sich fast alle, die vor dem Haus standen, denn es schien ihnen nicht geheuer zu sein, sich so nahe bei dem gefährlichen Tier aufzuhalten.

Nur einen gab es, der hatte zwar auch Angst, war aber doch entschlossen, das Wagnis auf sich zu nehmen. Es war des Bäckermeisters Geselle, Hans Gelbhaar, ein armer Bursche. „Meister", sagte er, „Ihr wisst, ich habe Eure Tochter Apollonia schon lange ins Herz geschlossen. Dass Ihr mir deshalb gram seid, ist mir auch nicht unbekannt. Wenn Ihr einwilligt, mir Eure Tochter zur Frau zu geben, so will ich für mein Glück selbst das Leben aufs Spiel setzen."

Nun hatte der Bäckermeister eine geradezu unbeschreibliche Angst vor dem Ungeheuer, und selbst der verlangte Preis – zu dem er sonst niemals ja gesagt hätte – erschien ihm in diesem Augenblick nicht zu hoch. Er willigte ein und sagte, der Geselle solle Apollonia haben, sobald der Basilisk tot sei.

Der Stadthauptmann schickte um einen großen Spiegel, dem Gesellen wurde ein Seil um den Leib gebunden, und daran ließ er sich langsam in den Brunnen hinab. Es gelang ihm, den tödlichen Blick des Basilisken zu vermeiden und dem scheußlichen Tier den Spiegel vorzuhalten, ohne selbst in Gefahr zu kommen. Vor Wut über seinen eigenen hässlichen Anblick zerbarst der Basilisk mit einem lauten Knall. Der Geselle kam gesund aus dem Brunnen heraus, seine Apollonia umarmte ihn vor Freude, und dem Bäckermeister blieb nichts anderes übrig, als sein Wort zu halten. Hans und Apollonia wurden ein glückliches Paar.

Auf den Rat des Doktor Pollitzer füllte man den Brunnenschacht mit Erde und Steinen an und begrub das Ungeheuer in der Tiefe. Aber noch im Tod führte es seine verderbliche Kraft aus. Ein paar der Arbeiter wurden von den giftigen Schwaden, die aus dem Brunnen stiegen, betäubt und starben wenige Tage danach. Auch der Bäckerjunge kam nicht mit dem Leben davon.

Zur ewigen Erinnerung an den Basilisken wurde in einer Nische des Hauses Nummer 7 in der Schönlaterngasse ein Abbild des Ungeheuers angebracht. Das Haus hieß fortan das „Basiliskenhaus". Längst ist der Glaube an das gefährliche Untier geschwunden, nur die Redensart vom unheilbringenden Basiliskenblick lebt noch fort.

◆ ◆ ◆

Soweit die bekannte Sage vom Basilisken. Was aber hat die Geschichte mit den Tempelherren zu tun? Was war der Basilisk wirklich? Sowohl das Haus als auch das sogenannte Untier stehen im Zusammenhang mit den Kreuzrittern. Im Mittelalter wurde nämlich das Viertel rund um St. Maria Rotunda im Volksmund „unter dem Tempel" genannt. Das Haus zum Basilisken gehörte in dieses Viertel und trug den Namen „zum roten Kreuz". Der Basilisk, wahrscheinlich eine morgenländische Echse, wie sie heute in jedem Terrarium vom Publikum betrachtet werden kann, wurde von Kreuzrittern aus dem Heiligen Land mitgebracht. Der damaligen Wiener Bevölkerung war ein solches Tier natürlich unbekannt, was seinen Ruf als Ungeheuer begründete. Wie das Tier aber aus dem Bereich seines Besitzers in den Brunnen des Bäckermeisters kam, bleibt im Dunkel der Geschichte verborgen.

Der Orden der Tempelherren wurde an der Wende vom 12. zum 13. Jahrhundert, etwa zur selben Zeit wie die Johanniter und der Deutschherrenorden, in der damaligen Babenbergerresidenz in Wien ansässig.

Herzog Leopold, der schon zu Lebzeiten der „Glorreiche" genannt wurde, hatte als Stifter der Abtei Lilienfeld (Campo Lilia) ein besonderes Naheverhältnis zu den Zisterziensern, beteiligte sich im Dienste der Kirche und des Papstes aber auch an militärischen Unternehmungen außerhalb seines Herzogtums. Im Jahre 1212 zog er zur Bekämpfung der Albigenser nach Südfrankreich bzw. zum Maurenkampf nach Spanien. In den Jahren 1217 bis 1219 beteiligte er sich an einem Kreuzzug ins Heilige Land und nach Ägypten. Vor der Abreise nach Ägypten hatte er einige Wochen auf dem gerade in Bau befindlichen Chateau Pelerin, auch Pilgerschloss genannt, in der Nähe der Stadt Caesarea verbracht, welches dem Templerorden gehörte und gerade zu einer mächtigen Festung ausgebaut wurde. Nach seiner Heimkehr vom Kreuzzug widmete er dem Templerorden 50 Mark in Gold für den weiteren Ausbau des Castrum peregrinorum.

Die erste Ansiedlung des Templerordens in Wien lässt sich mit Dokumenten nicht einwandfrei festlegen. Im Jahre 1225 übergibt der Herzog auf Vermittlung des Zisterziensers und päpstlichen Legaten Konrad von Urach dem Dominikanerorden, den er neben anderen Bettelorden ins Land rief, zur Gründung einer Ordensniederlassung ein Grundstück an der Ostmauer, welches zuvor wahrscheinlich den Templern gehörte. Der Name Santa Maria Rotonda erinnert noch heute an die von den Templern bevorzugte Bauweise für ihre Kirchen und ihre fromme Verehrung der Gottesmutter. Es ist eine Laune des Schicksals, dass der Inquisitionsprozess gegen die Templer in Frankreich zu Beginn des 14. Jahrhunderts von einem Dominikaner im Auftrag des französischen Königs Ludwig des Schönen geführt wurde. Im Volksmund wurde Dominikaner zu „Domini canes – Hunde des Herrn". Fragt man im heutigen Dominikanerkonvent nach den Templern, so will oder kann keiner der Mönche Auskunft geben.

Über diesen wahrscheinlichen Templerbesitz gibt es keine Dokumente, jedoch vage Aufzeichnungen, welche die Geschichte aus dem Dunkel der Jahrhunderte heben. Testarello, der als erster die Nachricht über die Ansiedlung der Minoriten in Wien im Jahre 1224 überliefert hat, beschreibt die Anfänge der Wiener Dominikaner wie folgt:

Das Viertel unter dem Tempel (Stubenviertel) im Jahre 1600. In der Ansicht ist das damals noch gotische Dominikanerkloster zu sehen. Um 1200 Standort des ersten Templerhauses in Wien.

„Die P.P. Dominicani oder Prediger, deren Kirch zu St. Maria Rotonda genandt, und erstlich durch Leopold den V.ten Hertzogen zu Österreich anno 1186 für die Tempelherrn gestifftet worden ...".

Richard Perger beschreibt in seiner Abhandlung über die Grundherren im mittelalterlichen Wien, dass die Templer um das Jahr 1200, gemeinsam mit dem deutschen Ritterorden in Österreich Fuß gefasst haben. Da die Sage vom Basilisken ebenfalls am Anfang des 13. Jahrhunderts angesiedelt ist, stimmt auch der zeitliche Bezug zu den Tempelrittern.

◆◆◆

Die Überlieferung von Hernals

Die Templer waren die Eigentümer von Hernals. Als der Orden aufgehoben wurde, drang man in ihre Burg ein, ergriff sie am Halse und ermordete sie alle. Dieses traurige Ereignis soll zur Ortsbenennung Hernals, entstanden aus Herren und Hals, Anlass gegeben haben. Eine zweite Ortsnamendeutung geht dahin, dass die Templer als Herren dieser Gegend „alles" besessen hätten, woraus Hernals entstanden sei. Schließlich erzählt eine weitere Überlieferung, dass die Templer die Herren an der Als (Flüsschen) waren, woraus der Ortsname gebildet wurde.

◆◆◆

Die erste urkundliche Erwähnung von Hernals stammt aus dem Jahr 1044, als Sighard IV., Graf des Salzburg- und Chiemburggaues, dem Stift St. Peter in Salzburg zwei Edelhuben an der Als schenkte. Eine dieser Edelhuben kam später als Lehen an die Herren von Als, einem angesehenen Rittergeschlecht, das aber nicht näher benannt wird. Der Hof der Herren von Als stand ursprünglich auf einer Anhöhe, dem heutigen Standort der Kirche, und war mit einem Wassergraben und einer Ringmauer umgeben.

Die Pfarre Hernals wurde vermutlich um die Mitte des 13. Jahrhunderts gegründet. 1252 wird erstmals ein Hartwicus, Pfarrer von Als (Plebanus de Als), genannt. Die erste gesicherte urkundliche Nennung einer dem hl. Bartholomäus geweihten Kirche zu Als stammt aus dem Jahr 1301. Als Gründer der Kirche werden wiederum die Herren von Als vermutet, die auch namensgebend für den am Alsbach gelegenen kleinen Ort Hernals wurden. Aus den Gutshöfen der Herren und den Hütten der einfachen Bevölkerung entwickelte sich allmählich das Dorf.

Anton Mailly berichtet dazu: Die lateinische Benennung Alsa Dominorum rechtfertigt wohl die Ableitung des Ortsnamens, der sich aber auf die Herren an der Als und nicht auf die Templer bezieht. Woher er allerdings diesen Schluss bezieht, ist nicht bekannt. Immerhin ist „die Herren an der Als" anonym genug, um hier viele Möglichkeiten in Betracht zu ziehen. So schreibt er weiter, dass die

Wo heute die Kalvarienbergkirche steht, befand sich einst die Burg „Graecus", möglicherweise die Burg der Tempelherren.

Templersage von Hernals durch den Umstand entstanden sein mag, dass die Herren von Als an den Kreuzzügen teilgenommen haben.

So zog im 13. Jahrhundert ein Gottlieb der Alser, wahrscheinlich im Gefolge Herzog Leopolds VI. nach Palästina und machte mit dem Herzog den Feldzug von Damiette mit. Auf der Heimreise hielt er sich dann längere Zeit in Konstantinopel auf, eignete sich griechische Sitten und die griechische Sprache an, so dass er nach seiner Heimkehr den Beinamen „Graecus" erhielt, der sich auch auf alle seine Nachkommen übertrug.

Viele Jahre später, nämlich im 16. Jahrhundert, wurden Schloss und Kirche von Hernals unter den damaligen Herrschaftsinhabern, den Familien Geyer und Jörger zu einem der bedeutendsten Zentren der Reformation in Niederösterreich. Nachdem Kaiser Maximilian II. dem Adel im Erzherzogtum Österreich 1568 und 1571 Religionsfreiheiten auf dessen Herrschaften gewährt hatte, strömten die Wiener trotz der Verbote des „Auslaufens" in das nahe gelegene Hernals, um die Prädikanten (Prediger) zu hören. 1577 ließ Kaiser Rudolf II. die Hernalser Kirche sperren. Die Gottesdienste wurden seitdem im Schloss gefeiert, das neben der Kirche lag. Unter den aus Oberösterreich stammenden Freiherren von Tollet, die zu den führenden protestantischen Adeligen des Landes gehörten, erreichte der Protestantismus in Hernals seinen Höhepunkt. Nach der Bestätigung und Erweiterung der Religionsfreiheiten durch Erzherzog Matthias 1609 führte Helmhart Jörger in der Pfarrkirche den öffentlichen evangelischen Gottesdienst ein und berief als ersten evangelischen Pfarrer Johannes Sartorius. Die Teilnahme Helmhart Jörgers an der evangelischen Ständeopposition gegen Kaiser Ferdinand II. 1619/20 führte zu seiner Festnahme und zum Verlust seiner Güter. Schloss und Kirche von Hernals wurden vom Kaiser eingezogen und 1625 dem Domkapitel zu St. Stephan übergeben. Am 24. August 1625, dem Fest des heiligen Bartholomäus, wurde in Hernals wieder der erste katholische Gottesdienst gefeiert.

Zur Wiederbelegung des katholischen Glaubens initiierte der Jesuit Karl Musart 1639 die Errichtung eines Kreuzweges mit sieben Stationen von Sankt Stephan nach Hernals. Angeblich entsprach die Weglänge genau der Länge des Passionsweges in Jerusalem. Ausgangspunkt war der „Gottsleichnamsaltar" in Sankt Stephan, die letzte Station war der Kreuzaltar in der Hernalser Pfarrkirche. Außerhalb der Kirche wurde eine Grabeskapelle nach dem Vorbild des heiligen Grabes in Jerusalem errichtet. Während der zweiten Türkenbelagerung 1683 wurden die Kreuzwegstationen zerstört. Von

1709–1714 ließ die „Bruderschaft der 72 Jünger Christi", ein Zusammenschluss reicher, angesehener Wiener Bürger, an der Stelle der heutigen Pfarrkirche und im selben Grundausmaß einen Kalvarienberg errichten. Der Wallfahrtsandrang wurde mit der Zeit so groß, dass die Pauliner von 1766–1769 an Stelle der inzwischen durch eindringendes Regenwasser baufällig gewordenen Bergkirche eine neue Kirche, die Kalvarienbergkirche, bauten.

Sowenig die mittelalterlichen Herren auf der Als heute noch namentlich erfasst werden können, umso wahrscheinlicher wird die Annahme, dass sie entweder selbst dem Templerorden angehörten, oder ihn auf Grund ihrer Erfahrungen in den Kreuzzügen förderten. Sie folgten damit dem Beispiel ihres Herrn, Herzog Leopolds, der die Templer erstmals nach Wien gerufen hatte.

◆ ◆ ◆

Die Kirche von Heiligenstadt

Weiskern bemerkt in seiner Topographie von Wien, dass ursprünglich beide Kirchen von Heiligenstadt, damals noch bei Wien, von den Templern erbaut worden sind. Bei St. Michael im Tal wohnte der Komthur, bei St. Jakob auf der Höhe der Hospitaler. Ein Haus in der Grinzinger Straße Nr. 33 mit einem runden Turm soll der Templerhof gewesen sein.

Aus diesem Hofe führten einerseits bis zur Kirche, andererseits bis zum Hause Nr. 40 (alte Nummerierung) und bis nach dem Lößhofe, dem nunmehrigen Brauhause in Grinzing, unterirdische Gänge. Im Hause Nr. 40 führte der unterirdische Gang in ein Gemach mit Sitznischen, wo das Femgericht des Ordens abgehalten wurde.

◆ ◆ ◆

Über die Kirche St. Michael im Tal, die im Jahre 1095 von Leopold dem Heiligen gegründet wurde, ist heute, auch aus archäologischer Sicht, nichts Besonderes bekannt. Daher soll hier die Kirche St. Jakob und ihre Geschichte näher betrachtet werden.

Schon vor dem Jahre 482 soll am Pfarrplatz von St. Jakob ein Gotteshaus gestanden sein, in dem der hl. Severin gewirkt haben soll. Von dem jetzt stehenden Kirchlein ist Folgendes geschichtlich nachgewiesen. Das Kirchlein zum hl. Jakob dem Älteren in Heiligenstadt muss neben der Johanniterkirche in Unterlaa und St. Ruprecht zu den ältesten Gotteshäusern Wiens gezählt werden.

Die Kirche dürfte bald nach der Übernahme der Pfarre St. Martin in Klosterneuburg, die über Heiligenstadt hinausreichte, durch das Augustiner-Chorherrenstift in Klosterneuburg, dies geschah um etwa 1135, als eine Filialkirche der Pfarre Sankt Martin für die dem Stifte Klosterneuburg untertänigen Ortschaften am östlichen Abhang des Kahlengebirges, Nußdorf, Heiligenstadt, Grinzing, Sievering, Salmannsdorf und Unterdöbling, erbaut worden sein. Wenn auch die Bauzeit des Kirchleins nicht überliefert ist, so weisen doch dessen noch erhaltenen, romanischen Formen, besonders die engen Rundbogenfenster, deren Wandungen sich nach außen und innen schräg erweitern, auf diese Zeit hin.

Blick auf den Pfarrhof von St. Jakob mit gotischem Erker und romanischer Kirchenmauer aus dem beginnenden 12. Jahrhundert (Aufnahme 1954).

Zum ersten Mal wird die Heiligenstädter Jakobskirche in einer vom Propste des Stiftes Klosterneuburg, Konrad II, im Jahre 1256 ausgestellten Urkunde genannt. In diesem Schriftstück sind alle damaligen Rechte und Obliegenheiten des Pfarrers von Heiligenstadt angeführt. Unter dessen Pflichten wird die Betreuung des ewigen Lichtes in beiden Kirchen zur Nachtzeit hervorgehoben. Einige Jahre vorher war Heiligenstadt eine selbständige Pfarre geworden. Damals dürfte auch die bedeutend größere Michaelskirche erbaut worden sein, weil die Jakobskirche wegen des Anwachsens der früher erwähnten Dörfer nicht mehr genügte. Heiligenstadt besaß nun zwei Kirchen, die jeweils nach einer bestimmten Ordnung verwendet wurden.

Die Zeitläufe mit ihren Kriegen und anderen Ereignissen haben dem Jakobskirchlein hart zugesetzt. So werden die vielen Veränderungen, die das Kirchlein äußerlich und in seinem Innern erfahren hat, zum größten Teil begreiflich. Während der ersten Belagerung Wiens durch die Türken im Jahre 1529 wurde es eine Ruine. Im Jahre 1533 war es durch vereintes Bemühen des Stiftes Klosterneuburg und der Ortsgemeinde Heiligenstadt wieder hergestellt. Als die Türken 1683 zum zweiten Mal bis Wien vordrangen, fiel es von neuem der Zerstörungswut des Feindes zum Opfer. Nach einigen Jahren waren die ärgsten Schäden beseitigt.

Acht Jahrhunderte lang hat das St. Jakobskirchlein mit seinem romanischen Mauerkern allen feindlichen Gewalten getrotzt, so dass sein hohes Alter immer noch zu erkennen ist. Ebenso alt ist aber auch seine erhabene Bestimmung. Deshalb möge sie uns in besonderem Maße ehrwürdig sein.

Unter der St. Jakobskirche wurde in einem frühen Römerbau ein gemauertes Grab aus dem fünften christlichen Jahrhundert gefunden. Es ist kein heidnisches Grab, sondern ein christliches Grab, weil die heidnischen Gräber nicht im Raum, sondern vorwiegend an den Straßen lagen und weil seit dem 4. Jahrhundert das Heidentum offiziell verboten war.

Es ist das Grab eines vornehmen, bedeutungsvollen Menschen, weil es keine gewöhnliche Erdgrube, sondern eben ein gemauertes Grab in einem Raum ist. Das kann also nur ein bedeutender, christlicher Mensch gewesen sein. Diesen bedeutenden christlichen Mann, für den man ein für die damalige, verworrene, ins Primitive absinkende Zeit vornehmes Grab gemauert hatte, wollte man aber darin nicht endgültig beisetzen, und darum hat man ihn nur dreißig Zentimeter unter das Bodenniveau gelegt. Das Grab in Heiligenstadt ist ein gemauertes Hochgrab, dessen Sohle nur dreißig Zentimeter unter dem frühchristlichen Bodenniveau liegt. Dass diese Annahme richtig ist, bestätigt auch die Exhumierung, die eindeutig festgestellt ist. Diese wurde noch in frühchristlicher Zeit durchgeführt, da der zur Mauerung verwendete Lehm, dessen Reste auch noch im Grab vorhanden sind, bei der Exhumierung auf das frühchristliche Bodenniveau zu liegen kam, wo er bei der Ausgrabung festgestellt werden konnte. Dieser Lehm enthält überdies Spuren des Estrichs von der Sohle des Grabes, was ein weiterer Beweis für die Exhumierung ist. Der Estrich des Grabes selbst ist römische Arbeit, ein Beweis für die Entstehung des Grabes vor Beginn des 6. Jahrhunderts, da gegen Ende des 5. Jahrhunderts die Romanen, die für diese Arbeit in Betracht kamen, aus unserer Gegend abberufen wurden.

Damit ist eindeutig die Entstehung des Grabes in das 5. Jahrhundert datiert und ebenso die Exhumierung in die gleiche Zeit, weil eben der Lehm von der Mauerung des Grabes auf dem frühchristlichen Bodenniveau des Raumes aufliegt. Durch die Taufstelle am Kopfende des Grabes, also im gleichen Raum mit dem Grab, lässt sich der Schluss ziehen, dass es sich um ein Heiligengrab handelt. Es wäre undenkbar, dass man an einem gewöhnlichen Grab im selben Raum eine Taufstelle errichtet.

Wenn nun all die durch die Ausgrabungen festgestellten Tatsachen mit der Vita des hl. Severin verglichen werden, ergibt sich daraus eine vollständige Übereinstimmung: Der alte Burgus, als römischer Militärbau ad vineas, durch eine später errichtete Zwischenwand als Zelle des Heiligen adaptiert, in seiner Zelle auch seine vorübergehende Beisetzung in einem gemauerten Grab, die Exhumierung nach Jahren, das alles stimmt für den hl. Severin. Folglich ist die Tradition, die sich an diesem Ort erhalten hat, nicht erfunden.

Anton Mailly berichtet, dass in der Gegend unterirdische Gänge nachgewiesen sind. Er war der Meinung, dass die Verbindung der Kirchen mit den unterirdischen Gängen und den in der Volkssage genannten Häusern die Legende von den Tempelherren in Heiligenstadt entstehen ließ. Ob jemals Tempelherren in Heiligenstadt Besitz gehabt haben, lässt sich heute nicht mehr feststellen. Dazu fehlen sowohl dokumentarische Belege als auch archäologische Befunde an den Mauerteilen. Auch Steinmetzzeichen, welche die Anwesenheit der Templer belegen könnten, sind nicht mehr feststellbar.

◆ ◆ ◆

Die Templerloge in Wien – Katakomben und Virgilkapelle

Durch das Aufkommen der templerischen Maurerei um 1729, das sogenannte System der Tempelherren oder Clemontsche System, trat der alte Tempelherrenorden historisch in den Vordergrund. Das Bestreben dieser Maurer streng katholischer Gesinnung ging dahin, sich als echte Nachkommen des mittelalterlichen Ordens auszugeben. In Deutschland führte Freiherr von Hund dieses System unter dem Namen der strikten Observanz ein. Man behauptet, dass sowohl dieser Zweig der katholischen Maurerei als auch die Rosenkreuzerei des 18. Jahrhunderts das Werk der Jesuiten gewesen seien.

Wohl in keinem anderen Land wurde unter den Maurern ein so eifriger Templerkult betrieben wie in Österreich. In Wien, wo die strikte Observanz das Feld so ziemlich behauptete, kam es im Jahre 1767 zu einem Schisma. Die unzufriedenen traten zu einem Ritus der laxen Observanz zusammen. Sie behaupteten, im Alleinbesitz der maurerischen Geheimnisse zu sein und das Versteck der herrlichen Schätze des mittelalterlichen Templerordens zu kennen.

Die Templer wurden als Märtyrer verehrt. Man errichtete ihnen in pietistischer Absicht sogar Templergrüfte und Kapellen. Man träumte von den Jahrhunderte nach der Reformation noch lebenden Tempelherren in Wien, Köln oder Tyrnau in Ungarn.

Sowohl in freimaurerischen als auch in rosenkreuzlerischen Werken des 18. Jahrhunderts findet man wiederholt erwähnt, dass sich in Wien Ordensnachkommen der mittelalterlichen Templer geheim aufhalten und beim Aufleben der templerischen Maurerei ihre Anhängerschaft um sich gesammelt hätten.

◆ ◆ ◆

An dieser Stelle soll nun keine allgemeine Erklärung zur Geschichte der Freimaurerei, sondern ein kurzer Überblick über die Geschichte der Freimaurerlogen in Österreich gegeben werden.

Franz Stephan von Lothringen, der 1731 von einer englischen Deputation in Den Haag in eine Loge aufgenommen wurde, erhielt 1732 in London den Grad eines Meisters. In Frankfurt wurde er 1745

Verbindungsgang von den Katakomben unter St. Stephan zum Deutschordenshaus. Der Überlieferung nach hielten die templerischen Freimaurer ihre Treffen in den Katakomben ab.

zum römisch-deutschen Kaiser gekrönt, wo es seit dem Jahr 1741 die Loge „L'Union" gab. In Wien hatte es bereits 1742 für ein halbes Jahr eine Loge mit dem Namen „Aux Trois Canons" gegeben. Sie bestand aus 50 Mitgliedern. Es ist nicht bekannt, ob der Kaiser auch diese Loge besucht hat. Jedenfalls wurde sie auf Befehl seiner Gattin Maria Theresia polizeilich ausgehoben. Im Wien Maria Theresias wurden die Freimaurer aber nicht gefoltert, sondern nur kurz gefangengesetzt und verhört. Eine weitere Loge wurde um 1754 unter dem Namen „Aux Trois Coeurs" in Wien gegründet.

Maria Theresia und ihr Sohn Joseph sahen sich vor der Notwendigkeit, aus ihren Erblanden einen modernen Staat zu schaffen. Beamte und Offiziere, Bürgerliche und Adelige wurden zum Rückgrat aller notwendigen Reformen. Bürger und Adelige fanden einander in den Logen, die jetzt an Zahl stark zunahmen. „Die Freigebigen" (1763) arbeiteten nach dem Clermont-System (drei Grade und einige Hochgrade). Auch die strikte Observanz gab es. Sie bot ein siebenstufiges System an und knüpfte an die Traditionen des Tempelritterordens an.

Überall im Kaiserreich wurden nun Logen gebildet. Im Jahre 1770 in den österreichischen Niederlanden, 1774 und 1780 zwei Logen der strikten Observanz in Lemberg. In Ungarn gab es zu dieser Zeit Logen in Preßburg und in Temesvar.

Den Höhepunkt erreichte die Freimaurerei in jenen Logen, die sich der Aufklärung verpflichtet fühlten und zugleich dem Reformwerk des Kaiserhauses. Die Loge „Zur Wahren Eintracht" wurde zur Zeit Kaiser Josephs für Wien und Österreich zu einem kulturellen und geistigen Zentrum. Die Wiener Maurer-Szene hatte viele sehr bedeutende Persönlichkeiten aufzuweisen. Unter ihrem Einfluss wurde die allgemeine Bildung gehoben, das Theater reformiert und die Folter als Mittel bei den Gerichtsprozessen abgeschafft.

Ein direkter Bezug der Freimaurerlogen zu den Templern hat sich aber noch niemals nachweisen lassen.

Auch ein Bezug des historischen Templerordens zu den Katakomben von St. Stephan lässt sich heute nicht mehr feststellen. Wahrscheinlich hatten aber die Tempelherren, bereits lange bevor die Freimaurer an deren Tradition anknüpften, einen unterirdischen Raum neben St. Stephan: die sogenannte Virgilkapelle. Richard Perger schrieb in seiner Untersuchung über die mittelalterlichen Grundherren in Wien, dass die späteren Grundrechte der Johanniter am Areal des Churhauses von den Templern stammen könnten.

Interessant sind in diesem Zusammenhang die Radkreuze, die in den Nischen angebracht wurden. Sie verraten den byzantinisch-östlichen Einfluss einer mächtigen Organisation, die wie die Templer ihr Hauptaufgabengebiet im Orient hatte.

Der unterirdische Raum am Stephansplatz wurde 1973 bei Bauarbeiten wiederentdeckt und bildete ab dem 14. Jahrhundert das Untergeschoss der im späten 18. Jahrhundert abgebrannten und dann abgetragenen Magdalena-Kapelle. Um den Sinn und die Funktionen der beiden übereinander liegenden Kapellen gibt es unter den Historikern keine Einigkeit.

Errichtet wurde die Virgilkapelle wahrscheinlich zu Beginn des 13. Jahrhunderts. Der unterirdische Raum war etwa 13 m hoch und überragte das Niveau des Stephansplatzes um etwa 1½ m. Daraus kann aber nicht geschlossen werden, dass schon damals die Überbauung mit einer weiteren Kapelle geplant war. Es ist daher anzunehmen, dass der Bau von Anfang an als zweigeschossiger Raum konzipiert war. Wahrscheinlich war der Platz im 13. Jahrhundert überhaupt nicht eben, besonders im Bereich des damaligen Friedhofs. Der Zugang zum unterirdischen Sanktuarium muss daher eingetieft angelegt gewesen sein.

Der Raum ist nach Osten ausgerichtet und besitzt sechs Nischen, die mit roten Radkreuzen in östlicher, byzantinischer Art dekoriert sind. Vor einer der Nischen wurde ein Brunnen angelegt. Die Wände wurden aus Quadermauerwerk errichtet, verputzt und mit roter Fugenmalerei dekoriert.

Das später zu Beginn des 14. Jahrhunderts eingezogene Gewölbe, das den Raum in der Höhe teilte, hatte mit der ursprünglichen Funktion der unterirdischen Kapelle nichts mehr zu tun. Dieser Umbau geschah wahrscheinlich zu einer Zeit, wo die ursprünglichen Herren, der Templerorden, nicht mehr existierte. Nachdem die Virgilkapelle den Besitzer gewechselt hatte, wurde auch mit dem Bau der darüber liegenden Katharinenkapelle begonnen. Die neuen Herren waren Bürger der Wiener Familie Chrannest, die den Bau wahrscheinlich 1312 mit der Auflösung des Templerordens übernommen hatten.

◆ ◆ ◆

Mariabrunn und der Georgiberg

Nach dem Tode des ungarischen Königs Stephan I. des Heiligen im Jahre 1038 regierte dessen Witwe Gisela, Schwester Kaiser Heinrichs III., kaum ein Jahr lang, als sie sich bei eingetretenen Unruhen, die durch Peter von Venedig und Samuel Aba infolge der Streitigkeiten um die ungarische Königskrone entstanden waren, nach Österreich zum Markgrafen Albrecht I. dem Siegreichen (1018–1056) flüchten musste. Er nahm sie auf seiner Burg in Tulln auf. Nach einem kurzen Aufenthalt um 1042 in Fabianum wurde Gisela von einem hartnäckigen Fieber befallen, von dem sie sich nicht erholen konnte.

Da die Ärzte der Königin eine waldige Gegend als Aufenthaltsort rieten, begab sie sich oft in das Tal des heutigen Mariabrunn, damals eine weite Wiese, umgeben von waldigen Höhen. Als sie einmal müde und durstig war, suchte ihr Diener nach einer Quelle und entdeckte einen mit Moos und Schlingpflanzen überwachsenen Brunnen. Sie bahnten sich einen Weg durch das Gestrüpp zu dem Brunnen und bemerkten zu ihrer Überraschung unter dem Wasserspiegel eine Marienstatue mit dem Jesuskind. Im Vertrauen auf die Hilfe der Muttergottes trank Gisela das Brunnenwasser und war nach kurzer Zeit gesund. Zum Dank an das Heilwunder ließ Gisela neben dem Brunnen eine Kapelle erbauen und in derselben die aufgefundene Marienstatue für die öffentliche Verehrung aufstellen.

Über hundert Jahre wurde die Marienstatue in der von Gisela erbauten Kapelle verehrt. Als die Kapelle samt dem umliegenden Grund durch die Gunst der Fürstin in den Besitz des unter Papst Honorius II. im Jahre 1127 nach der Regel des heiligen Augustinus gestifteten und vom Papst Eugen III. im Jahre 1146 bestätigten Orden der Tempelherren gekommen war, wurde die Marienstatue auf den Georgsberg bei Purkersdorf gebracht und in der Schlosskirche des Ordens aufgestellt.

Nach Aufhebung des Tempelherrenordens im Jahre 1312 kamen seine Güter in verschiedene Hände. Die auf dem Georgsberg gelegene Kirche wurde der Passauer Diözese zugeteilt. Der Bischof von Passau gab nun den Auftrag, dass die Gnadenstatue in der Pfarrkirche von Weidlingau aufgestellt werde, wo sie bis zur Mitte des 15. Jahrhunderts verblieb.

Im Volksmund der Gegend von Purkersdorf werden die letzten Reste einer Ruine auf dem Georgiberg als Templerruine bezeichnet. Ältere Topographen schildern diese ehemalige Burg festungsartig mit Mauern, Basteien und Gräben umgeben. Vor etlichen Jahren befand sich daselbst nur noch ein länglicher, nicht tiefer Graben und einige Steinhaufen im wilden Gras, die die Reste einer starken Mauer kaum vermuten ließen. Noch vor Jahrzehnten sprachen alte Leute von vergrabenen Templerschätzen unter den Ruinenresten.

In der Überlieferung heißt es, dass das Schloss auf dem Georgiberg einen hohen Torbogen, eine Kapelle und vier Türme besessen habe. Im Tal wird erzählt, dass es auf dem Berg spukt, weshalb fromme Leute denselben nicht besteigen wollen. Es geht die Sage, dass die bösen Geister schon Jahrhunderte lang auf der Höhe um die Weihnachtszeit und zu Ostern ihr verderbliches Wesen treiben, und wenn auf dem Gipfel der Sturm heult, so fürchtet man sich besonders vor ihnen.

Vor vielen Jahren ging am Ostersonntag eine alte Frau in den Georgenwald, um zu heuen und Reisig zu sammeln. Unten im Dorf wurde die große Messe gelesen. Wie die Frau am Berg vor der Ruine das Heu in den Korb tat, sah sie vor sich ein großes Tor und auf der Ruine Geister tänzeln, während ein mächtiger Wind durch das Gehölz pfiff. Sie erschrak. Als das Glockengeläute die Wandlung verkündete, verschwand vor den Augen der Frau das geheimnisvolle Bild. Es wird auch erzählt, dass wer zur Messezeit in die Ruine ging, nicht mehr herauskam.

Bei einem Steinhaufen, dem letzten Rest der Ruine, gewahrt man ein kleines Loch, aus dem ein dumpfes Summen zu vernehmen ist. Darunter soll sich eine verschüttete Templerhalle befinden, wo noch ein Schatz zu heben ist.

◆ ◆ ◆

Purkersdorf liegt im Westen von Wien am Zusammenfluss von Wien und Gablitz. Das Gebiet war zwar schon zu urgeschichtlichen Zeiten und wahrscheinlich auch unter den Römern besiedelt, wovon heute noch Funde zeugen. Der Ort dürfte aber dann über Jahrhunderte verödet gewesen sein. Die Besiedlung des heutigen Purkersdorf dürfte vom Freisinger Kolonisationszentrum Ollern bei Sieghartskirchen aus erfolgt sein. Der um 1000–1020 genannte Chartular des Klosters Ebersberg, Purchart de Pouppah, ein Gefolgsmann der Grafen von Ebersberg, gab sowohl Purkersdorf als auch Laabach bei Gablitz den

Namen. Um 1200 befindet sich Purkersdorf in Händen der Truchsessen v. Feldsberg-Seefeld, die Dienstleute der Babenberger, die mit jenen auf den Kreuzzügen waren. Aus diesen bewaffneten Wallfahrten ist hier, wie auch an vielen anderen Orten, die Zusammenarbeit mit den Ritterorden entstanden.

Im Jahre 1226 bestätigte der Truchsess Kadolt v. Feldsberg eine Waldschenkung seiner Verwandten Jutta, einer verwitweten Schönberg, an die Johanniter zu Mailberg. Merkwürdigerweise findet sich im großartigen Werk von Adam Wienand über den Johanniterorden kein Wort davon. Juttas Söhne Hadmar und Rapoto von Schönberg gaben bald darauf einen Wald an das Kloster St. Nicolaus in Wien. Seit dem Mittelalter ist Purkersdorf also ein Zentrum des Wienerwaldes und seit der Verwaltungsneuorganisation Kaiser Maximilians I. um 1500 Sitz des Waldmeisters, des obersten Verwaltungsorganes des Wienerwaldes. Wie die meisten Ortschaften dieser Gegend litt auch Purkersdorf außerordentlich unter dem Türkeneinfall von 1683: Praktisch das ganze Dorf, einschließlich der Kirche und dem alten Schloss, wurde nach der Erstürmung durch die Türken eingeäschert.

Von der alten Burg der Templer, von der im Volksmund berichtet wird, haben sich heute kaum mehr Spuren erhalten. Der heutige Schlossbau auf dem Hauptplatz geht in seinem Kern ziemlich sicher bis auf das wahrscheinlich nach 1000 erbaute feste Haus des Dorfgründers Purchart zurück. Die erste urkundliche Erwähnung des Castrum Purchartstorf findet sich in einem Brief vom 14. Februar 1255. Die Burg kam damals an Heinrich von Kreuzenstein, den Bruder des Truchsessen Heinrich v. Lengbach. Die jüngeren Lengbacher waren nicht mehr hochfrei, sondern Ministeriale des Landesfürsten. Sie behielten Purkersdorf, während ein Besitzanteil Albert II. v. Laxenburg 1284 an den Deutschen Ritterorden in Wien gelangte. Dr. P. Marian Tumler OT hat im Jahre 1954 ein mehr als 700 Seiten starkes Werk über das Werden des deutschen Ordens verfasst. Darin findet sich kein Hinweis, dass der deutsche Orden im Gebiet von Purkersdorf zu dieser Zeit Besitz hatte. Könnte es sein, dass es sich auch hier um die Tempelherren handelte, die nach 1312 so schmählich in Verruf gerieten? Immerhin wurden auch an vielen anderen Orten ihre Spuren getilgt. Es wird berichtet, dass die Forste von Deutschwald bis 1765 dem Deutschen Orden gehörten.

Die Lengbacher hatten scheinbar abhängige Ritter auf der Burg Purkersdorf sitzen. Wenn 1303 ein Christein von Purchartstorf genannt wird, kann es ein solcher Burggraf gewesen sein, genauso gut könnten es aber auch Ordensritter gewesen sein. Christan v.

Purkersdorf mit der Wehrkirche und der Burg auf einer alten Ansicht. Im Hintergrund der Georgiberg, auf dem einst das feste Haus der Templer gestanden haben soll.

Lengbach gibt 1312 (!) seiner Gattin Else v. Zelking das halbe Haus Purkersdorf mit dem Gut Anzbach als Morgengabe. 1319 hinterlässt der damalige Lengbachsche Lehensmann Ortolf einen Sohn Otto von Purkersdorf. Im Jahre 1313 war dann auch Hadersdorf ein Lehen der Lengbacher. Christans Tochter Elisabeth heiratete Reinprecht I. von Wallsee und brachte ihm Purkersdorf zu. Die Wallseer wurden später auch mit der Gesellschaft der Templeisen in Verbindung gebracht, die urkundlich mehrmals mit den Habsburgern genannt wird und von diesen wahrscheinlich als Auffangorganisation für den vernichteten Templerorden errichtet worden ist. 1333 verkaufte Reinprecht die Herrschaft mit Kirchenlehen und Forsten den Habsburgern. Seither war Purkersdorf landesfürstlich. Die Habsburger hatten in Purkersdorf einen Burggrafen. 1460 bestimmte Kaiser Friedrich III. Purkersdorf mit seinen Forsten zum Unterhalt seiner Gattin Eleonore von Portugal. 1529 wurde die Burg durch die Türken beschädigt, 1533–1542 erfolgte der Wiederaufbau, der sicher auch einige bauliche Veränderungen brachte.

Bei der Kirche handelte es sich ursprünglich um eine Wehrkirche. Darauf weist auch ein für solche Kirchen gebräuchliches Patrozinium hin. Sie ist dem hl. Jakobus d. Älteren geweiht. Burg und Kirche waren auch, abgesehen vom Wassergraben, von einer gemeinsamen Ringmauer umgeben.

In der Durchfahrt sind heute die freigelegten, mächtigen Quadersteine des von außen nicht mehr erkennbaren romanischen Bergfrieds zu sehen. Das mächtige Sockelgeschoss mit einer Mauerstärke von bis zu zwei Metern ist heute von der Durchfahrt aus zu betreten. Ursprünglich hatte der Turm, wie alle Verteidigungstürme, nur einen Hocheinstieg. Erhalten ist auch eine Mauernische mit Mauerschlitz.

Es scheint durchaus glaubwürdig, dass die Tempelherren im 13. Jahrhundert Besitz in Purkersdorf hatten. Vielleicht hatten sie auch ein festes Haus auf dem Georgiberg. Immerhin wird von Johannitern und Deutschherren berichtet. Wenn diese beiden Orden im 13. Jahrhundert hier Besitz hatten, wäre die völlige Absenz der Templer unglaubwürdig. Andererseits scheint es aber möglich, dass die beiden Konkurrenten nach 1312 den Templerorden auch hier beerbt haben. Eine alte Chronik von Mariabrunn enthält einen merkwürdigen Abschnitt: *„Anno 1312 wurde durch die Ketzer die Pfarrkirchen zu Weidling in der Au bis auf den Grund abgebrannt. Nur das darin enthaltene Gnadenbild blieb erhalten."* Unter Ketzer sind hier wohl die Templer zu verstehen, denn auf dem Konzil zu Vienne 1312 waren sie unter anderem auch der Ketzerei angeklagt. Urkundlich wird sich dieses Rätsel nicht mehr lösen lassen. Was bleibt, ist die Überlieferung.

◆ ◆ ◆

Ruine Rotenstein

Eine halbe Stunde südlich von Hainburg erhebt sich auf einem mächtigen Felsen an der Donau die Ruine Rotenstein, die im Volksmund Röthelstein, Wilhelmschloss, Edenschloss und Templerburg genannt wird. Die Entstehung der Burg Rotenstein ist in Dunkel gehüllt, wird aber in der Überlieferung den Templern zugeschrieben.

In der Geisterstunde sollen die sogenannten Rotkappler, die sich mit der Plünderung von Schiffen befasst hätten, auf der Ruine ihr unheimliches Wesen treiben, und in hellen Mondnächten wurden daselbst tänzelnde Gespenster gesehen, die dann in der Donau verschwanden.

◆ ◆ ◆

Auf drei vorspringenden Felsnasen, etwa dreißig Meter über der Donau, liegen die Trümmer der Burg Rotenstein. An der höchsten Stelle finden sich noch aufrechte Mauerteile aus wohlbehauenen Steinen, wie sie die Templer gerne in ihren Bauten verwendeten. Diese Mauern gehören zum ehemaligen Bergfried. Der anschließende, ursprünglich rechteckige Palas wurde von einem fünfeckigen Bering mit mehreren Nebengebäuden umschlossen. Im Osten besaß die Burg ein vorgeschobenes Bollwerk zur Sicherung des Weges zur Donau.

Die Burg sicherte über Jahrhunderte die Donau. Im Jahre 1180 wurde die Burg erstmals urkundlich erwähnt. Zwischen 1170 und 1209 sind Ulrich und Irnfried von Röthelstein bezeugt. Irnfried war ein Bruder Liutwins von Sonnberg. Die Röthelsteiner waren ursprünglich Ministeriale der Vohburger. 1285 nannte sich Otto von Haslau nach der Burg. Im Jahre 1318 wurde Rotenstein an den Landesfürsten verkauft. Der Verkauf der Burg fällt somit wieder augenscheinlich in die Zeit nach der Aufhebung des Templerordens im Jahre 1312.

Mit dem Jahr 1411 beginnt eine dunkle Geschichte Rotensteins. Wilhelm von Enzersdorf war vom Landesfürsten, dem 13-jährigen Habsburger Albrecht V., für den seine zerstrittenen Onkel regierten, mit Rotenstein belehnt worden, und als Sohn einer Zerfallszeit kümmerte sich Wilhelm nicht um ritterliche Ideale. Wie so vielen Standesgenossen seiner Zeit ging es auch ihm nur um Anhäufung von Macht, Geld und Besitz. Außer der Burg Rotenstein hatte er noch das Dorf Rotenstein zu seinem Eigen. Doch er wollte mehr. Voll Neid auf den Wohlstand der Bürger Hainburgs, strebte er nach deren Rechten über die Rotensteiner Au und der Fischerei. Die Stadt verweigerte ihm dies, und so versuchte er es mit Gewalt. Sofort wurde eine landesfürstliche Kommission nach Hainburg einberufen, bestehend aus hochangesehenen Herren aus Wien und anderen wichtigen Städten, die als Schiedsrichter fungieren sollten. Doch hatten sie Angst eine Entscheidung zu fällen. Erst als der Landesfürst seinen Schutz versprach, stimmten sie zugunsten der Stadt. Ohne diese Zusage hätten sie sich nicht getraut heimzukehren, denn sie wussten, die Knechte des Wilhelm Enzersdorfer lauerten schon auf sie in den tiefen dunklen Wäldern rund um Hainburg und hätten sie beileibe nicht verschont.

Weitaus gefährlicher als jener besitzgierige Wilhelm war einige Jahre später Wenko von Ruckenau, ein berühmt-berüchtigter Raubritter. Im 15. Jahrhundert handelte es sich bei solchen Raubrittern meistens um Söldnerführer, denen der ihnen zustehende Sold vom Landesherrn verweigert wurde. Mit der Zeit streiften immer mehr Söldner mit ihren Banden durchs Land. Sie erpressten Geld und Gut vom armen Volk, plünderten und besetzten aber auch die Burgen der Adeligen. So fiel auch Rotenstein in die Hand des Söldnerführers. Mit der Burg als Rückendeckung konnte er die Handelsschiffe auf der Donau überfallen. Nach dem rätselhaften Verschwinden des Raubritters wurde die Burg wieder landesfürstlich.

Die in der Sage genannten Rotkappler sind ein in der Überlieferung deutliches Indiz für die Anwesenheit der Templer. Zu ihrem Habit gehörten zwar keine roten Kappen, jedoch hat sich das rote Tatzenkreuz auf ihren Wappenröcken, Mänteln und Schilden tief in die Erinnerung der Menschen eingeprägt. Tatsächlich hatten die Templer auch ganz in der Nähe, und zwar in Petronell und in Hainburg Besitz. Sowohl Herzog Leopold VI. als Landesfürst als auch seine Ministerialen und Dienstleute hatten auf Grund der Kreuzzüge Beziehungen zu den Templern. Es ist eine historische Tatsache, dass den Tempelherren in allen christlichen Ländern enorm viele Schenkungen und Zuwendungen seitens des Adels gemacht wurden. Also auch auf dem Gebiet der Babenberger.

Eine Wehrkirche wie sie zu Beginn des 13. Jahrhunderts in Petronell angelegt wurde, die nicht zur Burganlage des regionalen Machthabers gehört und noch dazu auf dem klassischen Weg der Pilger und

Die Tempelritter. Einst bekannt und gefürchtet für ihre Tapferkeit. Das rote Tatzenkreuz auf ihrem Habit brachte ihnen in der Überlieferung verschiedene Namen. So auch Rotkappler oder rote Pfaffen.

Kreuzzugsheere in Richtung zum Balkan liegt, weist eindeutig auf die Anwesenheit eines geistlichen Ritterordens hin. Es ist im Hinblick auf den Hospital- und Pilgerbetreuungsdienst der Templer interessant, dass innerhalb der Befestigung ein Hospital im Nahbereich der Kirche bestanden hat. Grabungen rund um die Kirche im Zuge von Sanierungsarbeiten haben keine Bestattungen nachgewiesen. Ein mittelalterlicher Friedhof im Umkreis der Kirche ist noch nicht bekannt. Bekannt ist jedoch das Privileg des Ordens, eigene Friedhöfe anzulegen. Wenn auch das Gut Petronell (Ort und Umgebung) im 13. Jahrhundert den Liechtensteinern gehörte, schließt das rechtlich nicht die Ansiedlung der Templer und die Errichtung sakraler Gebäude durch diese auf geschenktem Grund aus. Das völlige Fehlen von Erwähnungen der Rundkirche im Mittelalter kann auch auf die gezielte und gewollte Tilgung aller Erinnerungen an den durch den Papst im Jahre 1312 aufgelösten Orden der Templer hinweisen. Die Anwesenheit der Templer in Petronell ist historisch.

Die Hainburger Rundkirche wurde durch die Templer in der Blütezeit romanischer Architektur errichtet. In der Zeit, in der die Stadt Hainburg erweitert und mit Mauern, Türmen und Toren befestigt wurde. Der Rundbau wurde aus glatten Quadern im ehemaligen Ortszentrum der Stadt errichtet. Über vier Stufen wird das Portal der Kapelle erreicht. Der Raum hat ein Fenster an der Nord- und eines an der Südseite, wovon das erstgenannte vermauert wurde. Die östlich angebaute halbkreisförmige Apsis, vom Kapellenraum durch einen Rundbogen auf Kämpfergesims ruhend getrennt, hatte drei Fenster und dürfte etwas verschoben an die Kapelle angebaut worden sein. Zwei ihrer Kapitelle beraubte Halbsäulen lassen eine Verzierung vermuten. Die Apsis befindet sich in einem bedauernswerten Bauzustand. Unter der Kapelle liegt das Ossarium, das Beinhaus, in dem die Gebeine aus dem Friedhof aufbewahrt wurden. Der ursprüngliche Eingang zum Beinhaus ist nordseitig erhalten. Beachtlich erscheinen die mächtigen Bandrippen in diesem Raum, aus schweren Kämpfersteinen herausgearbeitet, die im Kapellenraum in späterer Zeit abgearbeitet wurden. Überhaupt scheint an dem Bauwerk im Laufe seiner Geschichte einiges geändert worden zu sein. So ging ein Portal, ähnlich dem des Karners von Deutsch Altenburg, verloren. Die Ziegelanfütterungen des derzeitigen Einganges und die falschen Säulenbasen aus Beton weisen auf unsachgemäße Änderungsarbeiten hin. Die Fundamente des ehemaligen, möglicherweise reich verzierten Portals, sind unter der Anschüttung vorhanden und lassen den Vergleich mit der Rundkirche von Deutsch Altenburg zu, die wahrscheinlich zeitgleich errichtet wurde. Darauf lassen auch die zahlreichen Steinmetzzeichen schließen, die in vielen Quadersteinen eingehauen wurden. Einige davon finden sich nämlich in anderen Bauwerken, wie dem Ungartor, bei der Schlupfpforte nördlich davon, beim Karner von Bad Deutsch Altenburg sowie bei den Pfarrkirchen von Petronell und Wildungsmauer wieder.

◆ ◆ ◆

Die Templerhöhle bei Seebenstein

Zur Zeit der Templerverfolgung flüchteten sich einige Ritter des Ordens in eine Höhle bei Seebenstein. Sie blieben lange Zeit unentdeckt. Als sie keine Lebensmittel mehr hatten, ging ein Ritter jeden Tag in der Abenddämmerung in das nächste Dorf, um Nahrung zu holen.

Eines Abends wurde der verkleidete Templer von seinen Verfolgern erkannt und auf seinem Rückweg in die Höhle beobachtet. Tags darauf wurden die Flüchtlinge überrascht und erschlagen. Ihr unschuldig vergossenes Blut konnte nicht vertrocknen und soll heute noch in der Höhle zu sehen sein.

◆ ◆ ◆

Vom historischen Orden der Tempelritter lassen sich heute weder auf der Burg noch in der Umgebung von Seebenstein Spuren finden. Diesbezügliche Urkunden sind nicht vorhanden. Auch Bautechnisch können keine Rückschlüsse gezogen werden.

Obwohl die Burg erst 1170 als „Sewenstein" erstmals genannt wurde, entstand die Festung mit 16 anderen Anlagen wahrscheinlich schon nach der Schlacht gegen die Ungarn im Jahre 1042 bei Pitten unter den Formbach-Neuburgern. Mitte des 12. Jahrhunderts besaßen Ministeriale der Babenberger, die Wildensteiner, die Feste an der für das entstehende Wien bald wichtigen Fernstraße über den Hartberg nach Süden.

Die frühmittelalterliche Wehranlage, der Turm und der Palas, befanden sich auf der südwestlichen Spitze des Felsens, doch weist auch dessen Nordostteil, das sogenannte scharfe Eck, im Kern mittelalterliches Gemäuer auf. Dem eiförmig gestalteten, gegen den Bering zu nach Westen abgeplatteten Bergfried setzten die Romantiker ein Dach auf, die einst mächtigen Wehrfenster verbauten sie. Merkwürdigerweise besitzt der siebengeschossige Turm einen ebenerdigen Zugang. Dass beim Bau der Burg an einen in die Hochburg eingedrungenen Feind gedacht wurde, beweisen unter anderem die Scharten an der kleinen Palasruine, die ausschließlich für eine Rundumverteidigung bestimmt sind. Die Ringmauer, durchschnittlich

Burg Seebenstein, einst Tummelplatz der Wildensteiner Ritterschaft. Im Zeitalter der Romantik mit dem Templerorden in Verbindung gebracht.

90 cm stark und bis zu 15 m hoch, mit runden und eckigen Zinnen, Erkern, Wachtürmchen und Flankierungsturm, zeigt an einzelnen Stellen noch Reste des hölzernen Wehrganges.

Im 14. Jahrhundert überließ der Herzog von Österreich die Herrschaft den steirischen Liechtensteinern, im 15. Jahrhundert erweiterten sie die Seebecker, bevor sie 200 Jahre den Königsbergern aus Kärnten gehörte. Die späteren Protestanten und Freiherren vergrößerten das Hochschloss zur heutigen Gestalt. Im 15. Jahrhundert hatte sich Seebenstein gegen die Ungarn, im 16. gegen die Türken zu bewähren. In den Türkenzeiten des 17. Jahrhunderts flüchteten Hunderte hinter die schützenden Mauern, doch blieben Ort und Burg verschont. Wie die Königsberger bekannte sich auch der wohledle und gestrenge Carl von Pergen aus niederländischem Adel, seit 1654 Burgherr auf Seebenstein, zum Protestantismus. 1732 verließ seine Familie die unbequem gewordene Burg, 50 Jahre später jedoch pachtete der 33-jährige Zahlmeister der Wiener Neustädter Akademie, David Anton Steiger, den schon ruinös gewordenen Bau und begründete hier die Rittergesellschaft der Wildensteiner zur blauen Erde, die zum Mythos der Tempelritter auf der Burg beigetragen haben.

Die Rittergesellschaft wurde später durch Kaiser Franz II. verboten. Von seiner Abneigung gegen Freimaurer, Ritterbünde und Geheimgesellschaften zeugt heute noch die mechanische Figur des gefangenen Templers im Turm zu Laxenburg.

Über die Umtriebe dieser Wildensteiner zur blauen Erde im 18. Jahrhundert hat sich aber eine Geschichte erhalten, die hier kurz wiedergegeben werden soll.

Man hatte ihm die Augen verbunden, und zwei Unbekannte eskortierten ihn durch Gänge und über Stiegen. Die Begleitung hielt. Ein Seil schlang sich um seinen Körper, und widerstrebend fühlte sich der Festgebundene in feucht-modrige Luft abwärts schweben. Schon umfingen ihn starke Arme und drückten ihn lautlos auf den nasskalten Estrich nieder. Jemand nestelte an seinem Wams, öffnete das Hemd und nahm ihm die Binde von den Augen. Im qualmenden Fackelflackerschein sah er zwei Ritter mit geschlossenem Visier, in langen schwarzen Mänteln über sich. Ihre gezückten Schwerter wendeten sich gegen ihn – und blaue Erde bröckelte auf seine entblößte Brust.

Markige Worte leiteten nach der Verlies-Mutprobe die Zeremonie des Ritterschlags ein. Von Urwesen, Allmacht, Geduld, Gehorsam, Mut, und Standhaftigkeit war die Rede. Unter heroischem Schwertergeklirr schwur man vor der Büste des Herrschers im Gerichtssaal: Alles für Gott, Kaiser, Österreich und Vaterland.

1775 war der Mineralogiestudent David Steiger erstmals als Grubenknappe unter Tag gefahren, wenig später hatte er im Dienste des Vaterlandes Steinkohlenflöze in Edlitz, Krumbach und bei Ödenburg geortet, Blauspaltlager bei Krieglach, Eisenerz bei Edlach, Schwefelgruben bei Gloggnitz. Bald jedoch zwangen Steiger widrige Umstände dazu, sich als Zahlmeister der Wiener Neustädter Militärakademie zu verdingen. Früh enttäuscht vom Undank der Welt, suchte er jetzt idealen Vorstellungen hoch über den irdischen Gefilden nachzuleben. In der Burg Seebenstein, die er vom Grafen Pergen pachtete und wohnlich einrichtete, stellte er seine von fachlicher Seite bereits anerkannte Mineralien- und Hölzersammlung aus, die ihm auf seinen Entdeckungsreisen unter der Hand entstanden war.

Hier auf Burg Seebenstein erhob Steiger, der junge Mann aus dem Ödenburger Komitat, die romantische Idee von der blauen Erde zum Programm. David Steiger beschloss, die Mitwelt auf eigene Art mit seiner Entdeckung der blauen Erde bekannt zu machen. Der Schwärmer für vaterländische Geschichte begründete 1790 mit Gleichgesinnten als Oberritter Heinz am Stein der Wilden eine altritterliche Gesellschaft zum Nutzen und Vergnügen der Wildensteiner zur blauen Erde. Diese trabten, phantastisch kostümiert, mit wippenden Federbüschen, zu Seebenstein auf zahmen Rossen zum Turnier. Sie unterschieden sich als Ritter, Turnier-Freiknappen und titulierten einander als Großalmosenier, Turniermarschall, Prunkmeister, Siegelbewahrer, Schirmvogt, Kanzler und Geheimschreiber. Sie redeten sich mit Ritter an und gaben sich Namen wie „Parzival von Elß", „Alf von Sonnenstein" oder „Brauser zu Heldenmut".

Obwohl das verschnörkelte Ritterspiel auf Seebenstein auch schon Zeitgenossen als lächerlich empfanden, zählten zur Altritterlichen Gesellschaft der Wildensteiner zur blauen Erde als Ehrenritter und Großmeister Persönlichkeiten wie Erzherzog Johann, der damals im benachbarten Thernberg hauste, Prinz Wilhelm von Preußen, Prinz Leopold von Sachsen-Coburg, und neben dem Erzbischof von Olmütz auch Karl August von Weimar, Goethes Freund und Mäzen.

Der 28. Mai 1811 wurde zum großen Tag der Wildensteiner. Kaiser Franz II. persönlich kam nach Seebenstein. Im Spitzzimmer, wo Steiger seine Mineraliensammlung aufgebaut hatte, bekam der überglückliche Oberritter vom Monarchen, einem anerkannten Kenner der Pflanzen und Steine, zu hören: *„Diese Sammlung macht Ihnen viel Ehre."* Auch sonst zeigte der Kaiser bei Ansicht der Seltenheiten, Altertümer und Kunstwerke allenthalben viel Vergnügen. Mit den Worten *„Ich finde alles über alle Erwartung, mündlich das Mehrere"*, verabschiedete sich der Kaiser.

Das „Mehrere" kam schriftlich. 1812 erreichte den „Herrn Zahlmeister der k. k. Militärakademie zu Wiener Neustadt" eine Urkunde, die ihm und seinen Nachkommen seiner Verdienste um die vaterländische Industrie wegen ab sofort zugestand, sich „Edler von Amstein" zu nennen. Elf Jahre später jedoch, am 30. April 1823, hielt der Edle von Amstein ein Schreiben vom Wiener Hof in Händen, in dem ihm auf allerhöchsten Befehl angeordnet wurde, die Gesellschaft unverzüglich gänzlich aufzulösen und ihre Versammlungen für immer einzustellen. Die gegen jede Art von Vereinigungen, auch solche in seines und des Vaterlandes Namen, allergische Majestät hatte die Altritterliche Gesellschaft trotz geäußerten Wohlgefallens als möglicherweise staatsgefährliche Geheimbündelei entdeckt.

Auf Burg Seebenstein blieb Kuno, der Burgvogt, vulgo Schnepfleitner, gelernter Schneider, dann Statist und Garderobier am Theater Schikaneders in Wien. Seit je hatte das Burgfaktotum die Umgebung mit Kanonenschüssen erschreckt und die Gäste als lustiger Rat, als Clown, Koch und Kellermeister ergötzt. Acht Jahre noch begrüßte er Besucher Seebensteins nach altem Zeremoniell, reichte ihnen unter Sprüchen auf der „Pilgerruhe" den Willkommenstrunk, erzählte Gespenstergeschichten, spukte als Burggeist und schreckte sie mit Hilfe selbstverfertigter Totengerippe.

◆ ◆ ◆

Das Templerkreuz bei Traiskirchen

Zwischen Pfaffstätten und Traiskirchen, nebst dem kleinen Ort Josefstal, befindet sich auf der Kreuzung von drei Straßen eine dreieckige Wegkapelle, die „Kreuzritterkapelle“, das „dreieckige Kreuz“ oder auch das „Templerkreuz“ genannt. In den drei Nischen waren folgende Fresken angebracht: Christus am Kreuze mit einem betenden Templer, ein Kreuzritter mit schwarzen Haaren und im Hintergrund eine Burglandschaft sowie ein Kreuzritter mit weißen Haaren in einer Kirchenlandschaft. In den Ecken der ersten Nische waren zwei Wappen, eines davon das der Kreuzherren.

Über die Entstehung der Wegsäule berichtet eine Sage, dass an dieser Stelle drei Tempelritter voneinander Abschied nahmen und die Säule als Erinnerung an dieses Ereignis errichten ließen. Sie gaben einander das Versprechen des Wiedersehens. Drei Jahre verstrichen und die drei Ritter kamen nicht wieder in die Heimat zurück und blieben auch auf immer verschollen. Seit jener Zeit wurde das Templerkreuz von der Landbevölkerung der Gegend zum Andenken an die drei toten Ritter besonders in Ehren gehalten.

◆ ◆ ◆

Von diesem Templerkreuz ist heute keine Spur mehr zu finden. In verschiedenen Gemeinden zwischen Wien und Wiener Neustadt finden sich aber heute noch sehr intensive Beziehungen zu den Kreuzfahrern.

Die Kirche in Weikersdorf bei Wiener Neustadt ist dem Patron des Kampfes gegen die Ungläubigen und der Pilger, dem hl. Jakobus geweiht. Die Zisterzienser fassten gelegentlich des zweiten Kreuzzuges hier Fuß. Überliefert ist auch, dass sich am „Alten Weg“ Richtung Wiener Neustadt ein Kreuzfahrersammelplatz befunden hat. Dieser alte Weg führte auch über Traiskirchen. Auch in der uralten Sage von der „Spinnerin am Kreuz“ finden wir diesen alten Weg wieder.

Dr. Georg Reisner beschreibt in seinen ausgezeichneten Forschungen über die Lehenskirchen von St. Ulrich zu Wiener Neustadt einige Orte, die nach neuestem Stand der Dinge durchaus mit den

Tempelrittern in Beziehung gebracht werden können und die oft die Wahrheit dieser Legenden ans Licht bringen. Da in seinem Werk die weiterführende Literatur und die Quellen ausreichend genannt werden, soll hier bei der Wiedergabe seiner Ausführungen weitgehend darauf verzichtet werden.

Die Pfarrkirchen von Weikersdorf, St. Egyden, Grünbach, Puchberg, Piesting, Untereggendorf und Fischau weisen eine gemeinsame Besonderheit auf: sie waren über längere Zeit „Lehenskirchen" der Wiener Neustädter Kirche St. Ulrich. Diese war dadurch deren Patronatsherr, bezog aber aus dem Titel Lehensherr auch regelmäßig Anteile aus deren Einkünften.

St. Ulrich soll bereits bei der Gründung der Stadt, etwa 160 m südwestlich vom heutigen Kreuzungsbereich Bahngasse – Ring, bestanden haben und wurde, wie einige andere bereits bestehende kleine Vorbesiedlungen, nicht in die Stadtmauern einbezogen. Markus Hansiz gibt als erste urkundliche Erwähnung 1280 an. Man darf jedoch aus dem sehr alten Patrozinium St. Ulrich annehmen, dass hier tatsächlich schon 1192 eine Kirche/Kapelle bestand und wehrhaft ausgeführt war. Der heilige Ulrich galt seit seiner heldenhaften Verteidigung von Augsburg im Jahr 955 gegen die Magyaren als der überragende Schutzpatron gegen diese ständige Bedrohung.

Der Jesuitenpater und Historiker Markus Hansiz schreibt um 1734 seine Geschichte des Bistums Wiener Neustadt, findet St. Ulrich als „ecclesia parochialis" verzeichnet und meint, dass St. Ulrich das Pfarr-Recht auf Grund seines hohen Alters erhalten habe. St. Ulrich sei die erste Pfarre Neustadts nach „altem Recht" gewesen, die dann nach Fertigstellung der Basilika der Bürgerschaft nicht mehr genügt habe. Interessanterweise bestand bei St. Ulrich im 14. Jahrhundert eine eigene Schule und auch schon sehr früh ein Friedhof. Bei allen genannten Lehenskirchen und auch für St. Ulrich selbst konnten für den Zeitraum, in dem die Tempelritter in unserem Gebiet ansässig waren, keine Urkunden mit Nennung eines Patrons oder andere Besitzhinweise gefunden werden. Jedoch konnten interessanterweise praktisch bei allen diesen Orten Templer- und Kreuzfahrerüberlieferungen gefunden werden.

Nachdem möglicherweise schon der Kreuzfahrer Leopold V. der Tugendhafte 1186 die Templer nach Wien gebracht hatte, beteiligte sich auch Herzog Leopold VI. der Glorreiche von 1217–1219 an einem Zwischenkreuzzug ins Heilige Land und nach Ägypten. Nach einem Kampf um Akkon verbrachte er vor der Weiterfahrt nach Damiette einige Wochen auf der im Bau befindlichen Pilgerburg bei Caesarea,

Das Templerkreuz bei Traiskirchen existiert nicht mehr. Manchmal findet man aber heute noch herrliche Beispiele gotischer Wegsäulen, wie diese hier in der Provinz Soria, Spanien.

welche den Templern gehörte. Nach der Eroberung von Damiette, wo er bei der Ankunft Schiffbruch erlitt und bei den Kämpfen zahlreiche mitstreitende Templer verlor, überwies er den Templern 50 Mark in Gold für den Ausbau dieses „castrum peregrinorum". Leopold VI. war ein äußerst fähiger Wirtschaftslenker, der schon ab 1195 die Steiermark und damit Wiener Neustadt verwaltet hatte. Er bewerkstelligte den eigentlichen Ausbau Wiener Neustadts und auch Wiens. Sowohl er als auch seine Nachfolger trachteten, alle wichtigen weltlichen und geistlichen Orden auch in der neuen Residenz „Civitas nova" anzusiedeln. 1209 schenkte er den Zisterziensern von Lilienfeld ein Haus in der Stadt, es folgten dann Dominikaner, Minoriten, Dominikanerinnen und 1245 der Deutsche Ritterorden, dem später sogar ein Großteil der ganzen Stadt gehörte. Es erscheint nahezu undenkbar, dass der Orden der Tempelritter nicht auch nach Besitz bei der Residenz Wiener Neustadt gestrebt hätte. Neuere Veröffentlichungen haben Spuren der Tempelritter in Wiener Neustadt aufgezeigt. So befinden sich im Lapidarium der Propstei zwei Grabsteine, die angeblich unter dem Boden des Domes gefunden wurden. Einer davon weist ein Stangenkreuz mit Steinmetzwerkzeugen und einem Schwert auf, welches als hinweisend auf die Templer angesehen wird. Der zweite dürfte sogar der des 1317 verstorbenen letzten Templer-Ordenskomturs von Österreich, Seifrid von Brünn, sein, der nach der Ordensauflösung wahrscheinlich bei den Deutschordensrittern zu Neustadt Zuflucht fand und gemäß deren Ordensmodalitäten einen seinem ehemaligen Rang entsprechenden Grabstein gesetzt erhielt.

St. Ulrich bietet sich als geeignete Schenkung an die Templer durch den Landesfürsten geradezu an, bei welcher wehrhaften Kirche auch eine Unterkunft und ein Friedhof angelegt werden konnten. Die Lage vor der Stadt war sogar günstig, da sie selbst bewaffnet waren und auf ihren häufigen Reisen bei Ankunft nach Einbruch der Dunkelheit das oftmalige Öffnen des Stadttores zu aufwändig gewesen wäre. Die Residenz der Deutschordensritter lag im Nordosten der Stadt und hatte ein eigenes Tor in der Stadtmauer. Zusätzlich gibt es in Wiener Neustadt die Überlieferung, dass die Stadthäuser Nr. 197 in der Neunkirchner-Gasse und Nr. 222 in der Ungargasse einst den Templern gehörten.

Auch das Patronat der Templer über die Kirche St. Egyden wird mehrfach berichtet. Schon Schweickhardt schreibt 1831: Die Kirche soll der Sage nach einst eine Besitzung der Tempelherren gewesen sein. Über 1000 Jahre alt, soll sie später zur Abtei erhoben worden sein und deren Güter aber bei Aufhebung derselben an andere Pfarren verteilt worden. Vormals war das Presbyterium eine bedeutende Gruft, und unter demselben, welches von hohem Alter zeugt, erhöht gewesen. Diese ist fast abgegraben und zum Teil verschüttet; die sehr großen Grabsteine aber, welche sie deckten, sind an der Seite des Kirchturms verbaut worden. Noch zeigen sich einige, doch ganz unkenntliche Schriftzeichen und Verzierungen ... Die Gruft stand mit den noch vorhandenen, unterirdischen, gemauerten Gängen in Verbindung und soll aus der Zeit der Templer her stammen!

An der Nordseite des Kirchturms findet sich noch ein quer eingemauerter ehemaliger Grabstein mit einem eindeutigen Tatzenkreuz (Stangenkreuz wie in Wiener Neustadt), darunter bilden 13 weitere Grabplatten, von denen ebenfalls noch viele deutliche Tatzenkreuze aufweisen, die Dachschräge. So lange keine andere Erklärung für diese zahlreichen Grabplatten mit dem Tatzenkreuz bei einer Dorfkirche beigebracht wird, bleibt als einzige Erklärung eine Grablege dieser „Abtei" der Templer. An der heutigen Kirche könnte sogar, wie man aus dem aus dieser Zeit stammenden Quadermauerwerk ableiten kann, von ihnen gebaut worden sein. An der Stelle des heutigen Pfarrhofs errichtete man dazu einen Ordenssitz.

Für die Pfarre Grünbach findet sich bereits 1783 in der „Überstellungsfassion" von Salzburg zur Diözese Wiener Neustadt folgende Eintragung, die später unabhängig in den Pfarrgedenkbüchern und auch bei Schweickhardt 1832 gleichlautend wiederholt wird: *„Man will behaupten, dass schon die Tempelherren diese Pfarre besorget, welche aber nicht hier, sondern in dem unweit des Kirchbüchls gelegenen Eichelhof, wovon man jetzt kaum einige Rudera sieht, wohnten und von da aus die Pfarre versahen."* 1867 wurde der Boden der Kirche von Grünbach nach Entfernung des alten Ziegelpflasters mit Kelheimer Platten neu gepflastert. Dabei entdeckte man einen großen Gebeinsammelraum unter dem Hochaltar. Von der Entdeckung von Einzelgrüften wird nichts berichtet. 1887 gibt es dann in der Pfarrchronik eine einmalige Erwähnung von Templergräbern, die 1867 eröffnet und zerstört worden sein sollen.

Die Aufzählung der Gruftsteine und Grabbeigaben ist doch ein Indiz, dass Einzelgrüfte unter dem Ziegelboden entdeckt und zerstört wurden, die Schwertstücke könnte man sogar auf die Templer beziehen. Pfarrer Gaunerstorfer berichtet leider nichts, wie er 20 Jahre danach so schnell zu den Informationen gelangte und ob die unzerstörten zwei Gruftsteine 1887 noch vorhanden waren. Zusammenfassend erscheint es eher wahrscheinlich, dass hier die Grüfte der (bis dahin unbekannten) Gründer der Grünbacher Kirche zerstört wurden, da die Templer ihre Grablege in St. Egyden hatten.

Auch der von Fischau über Puchberg durchziehende Altweg, die nördliche steirische Ost-West-Verbindung in das Salzkammergut, erscheint in diesem Zusammenhang von Interesse. In Fischau (mit dem Hospiz-Patrozinium St. Martin), auf dem Eichberg und auf der Mamauwiese bei Puchberg, wo ebenfalls Mauerfunde berichtet werden, könnten sich Hospizstationen der Templer befunden haben.

In den Kämpfen der Habsburger gegen den ungarischen Grafen Iwan von Güns, der sogenannten Güssinger Fehde, in denen 1286 (man findet verschiedene Jahreszahlen) auch Wiener Neustadt schwer gelitten haben soll, sollen lt. Boeheim Templer auf der Seite der Magyaren mitgezogen sein. In einer Notiz erwähnt er, dass sich Eggendorf bei diesen Kämpfen standhaft verteidigt habe. Es geht jedoch nicht hervor, auf wessen Seite Eggendorf stand.

In einem päpstlichen Zehentregister aus 1285 werden im oberen Archidiakonat der Steiermark, dem späteren „Neustädter Distrikt" der Diözese Salzburg, die oben angeführten Kirchen nicht genannt. Bei näherem Studium dieses Zehentregisters stellt sich nun heraus, dass es sich bei dieser Auflistung um die Summen einer bereits 1274 beschlossenen und durch sechs Jahre nach Rom abgelieferten Kreuzzugssteuer der „Inhaber" von Kirchen und Klöstern der Diözese Salzburg handelt. Befreit von dieser Steuer waren die Kreuzfahrerorden und der Zisterzienserorden, da dieser viele Feldprediger stellte. Dies wird ausdrücklich als Erklärung für das Fehlen von Kirchen angeführt und spricht für den Templerorden. Bemerkenswert ist auch, dass die Pfarrkirche St. Ulrich in Wiener Neustadt nicht in diesem Zehentregister aufscheint.

◆ ◆ ◆

Der Großmeister bei Heiligenkreuz – Der Reiter von Alland

Dem Prior zu Heiligenkreuz erzählte eine Frau Folgendes. Ich mache oft an Nachmittagen eine Spazierfahrt nach Alland. Da nehme ich eine Jause ein und kehre dann gegen Abend wieder zurück nach Hause.

Ich gehe bei dieser Gelegenheit mitunter eine Strecke zu Fuß, besonders beim Engelkreuz vorüber. Bei diesem Kreuze hörte ich schon öfter, wenn ich vorüberging, im Walde ein Singen, dann wieder ein Winseln und darunter vernahm ich eine Stimme: *„Ich bitte für den armen Sänger!“*

Als ich heute abends im Mondlichte wieder mit meinen beiden Kindern vorüberging, hörte ich dasselbe und meine Kinder hörten es auch. Plötzlich vernahmen wir im Wald Pferdegetrappel und ein Reiter kam zum Vorschein. Derselbe war von hagerer Gestalt, hatte einen Mantel um und auf der Brust ein Kreuz, welches schon etwas verwischt war, wie ein vom Alter schon abgetragenes. Der Reiter blieb vor mir stehen und sagte: *„Ich bitte für den armen Sänger.“*

Da fasste ich mir Mut und fragte: *„Ja, was soll ich denn?“* Er antwortet: *„Beten für den Großmeister und die zwei Brüder!“* Dann kehrte er sich um, ritt wieder waldeinwärts und verschwand endlich im Wald.

◆ ◆ ◆

Die Sage, worin der Großmeister persönlich genannt wird, ist für unseren Raum einmalig. Man muss hier davon ausgehen, dass die Aufhebung des Templerordens 1312 und die Hinrichtung des letzten Großmeisters und seines Präzeptors am 18. März 1314 auf dem Scheiterhaufen vor Notre Dame in Paris bei den Mönchen und der Bevölkerung von Heiligenkreuz tiefe Spuren hinterlassen haben muss. Die historischen Ereignisse haben sich in das Bewusstsein der Menschen eingegraben, so dass sie hier für Jahrhunderte erhalten geblieben sind.

Wo aber liegt nun die Verbindung zwischen der Abtei Heiligenkreuz und den Templern? Neuere Forschungen haben ergeben, dass in der näheren Umgebung von Zisterzienserabteien auch Festungen oder Ordenssitze der Templer nachgewiesen werden konnten. So ist in der Nähe von Stift Zwettl die ehemalige Niederlassung der Templer in Friedersbach zu finden. Klostermarienberg im Mittelburgenland liegt nicht weit von der Ordensburg Lockenhaus entfernt. Für das Stift Heiligenkreuz konnte eine solche Ordensbesitzung der Templer noch nicht lokalisiert werden. Der Ordenssitz könnte sich in Mödling, aber auch auf einer Burg im nahegelegenen Helenental befunden haben.

Die Verbindungen der Zisterzienser zu den weißen Rittermönchen, die von einem großen Zisterzienser, nämlich Bernhard von Clairvaux unterstützt wurden, sind bekannt. Bernhard verfasste auch eine Lobschrift auf die Templermiliz.

An den gotischen Bauteilen der Stiftskirche von Heiligenkreuz, besonders an den Strebepfeilern, haben sich zahlreiche Steinmetzzeichen erhalten. Steinmetzzeichen wurden sowohl als Beleg für geleistete Arbeit und zu Verrechnungszwecken als auch als persönliche Signatur, quasi als Unterschrift auf den Werkstücken angebracht. Diese Zeichen können prinzipiell nach Meister- und Gesellenzeichen eingeteilt werden. Mit diesen Zeichen sind auch die Spuren einzelner Arbeiter zu verfolgen. Jeder Steinmetz besaß sein eigenes Zeichen, so wie die Überlieferung berichtet aus dem Vierpaß, die Zeichen sind unverwechselbar. Es sind dies unter anderem dieselben Zeichen, die auch im Stift Zwettl und in der Templerburg Lockenhaus zu finden sind.

Hier liegt nun die Vermutung auf der Hand, dass es sich bei den Bauleuten von Heiligenkreuz, Zwettl und Lockenhaus um Angehörige derselben Bauhütte handelte. Man kann daraus schließen, dass für die Errichtung dieser Bauten Menschen verantwortlich waren, die sowohl die finanziellen Mittel als auch die entsprechenden Verbindungen und Interessen an solch künstlerisch ausgestalteten Bauteilen hatten. Hier waren sowohl Zisterzienser als auch Templer beteiligt, da beide Organisationen sogenannte Bauhütten unterhielten.

Unter dem Begriff der Bauhütte ist eine Vereinigung von Werkleuten und Handwerkern zu verstehen, die sich unter der Oberleitung eines Baumeisters zur Errichtung eines Bauwerkes zusammengefunden haben. Der vollkommene Baumeister oder Architekt verstand die Schrift, das Reißen und Malen ebenso, wie den Umgang mit Geometrie, dem Richtscheit und dem Zirkel. Er hatte auch die Mathematik und die Perspektive zu beherrschen.

Ja, was soll ich denn? Beten für den Großmeister und die zwei Brüder!

Die Zeit der Gotik wurde die Zeit der Bauhütten. Die Zisterzienser, die von den Babenbergern zur Urbarmachung sowohl des Landes als auch im übertragenen Sinne ins Land geholt wurden, brachten den Geist der Gotik, wie er in Burgund zu dieser Zeit bereits bestand. Die Bauhütten brachten auch hervorragende Werkleute und Baumeister hervor. Der burgundische Baumeister Villard de Honnecourt kam auf seinen Studienreisen bis ins Königreich Ungarn und hinterließ hier auch seine Spuren. Im Kreuzgang des Stiftes Heiligenkreuz ist heute noch sein Meisterzeichen zu sehen.

Seit der Gotik entwickelten sich die Dombauhütten, von denen manche noch, so wie in Wien, bestehen, wenn auch das alte Wissen tatsächlich verlorenging. Werkleute zogen nach getaner Arbeit zur nächsten Baustelle weiter. So ist es zu erklären, dass an verschiedenen Bauten dieselben Steinmetzzeichen zu finden sind. In der Zeit der Hochgotik waren die Bauhütten vornehmlich dort zu finden, wo im Geiste der Zisterzienser und mit dem Kapital der Templer großartige Kirchen und Kathedralen errichtet wurden.

So wird aus der Verbindung des Templerordens mit den Zisterziensern, die durch den Heiligen Berhard von Clairvaux begründet wurde, die Entstehung der Sage vom Großmeister bei Heiligenkreuz verständlich.

◆ ◆ ◆

Das Blutkreuz am Urteilstein

Die Klosterherren, wie die Tempelritter zuweilen auch im Volk genannt wurden, und die in alter Zeit auf der Burg Scharfeneck im Helenental ihren Sitz hatten, wurden angedichteter Verbrechen halber unschuldig angeklagt, gemartert und schließlich heimlich in einer mondlosen Nacht am Urteilstein hingerichtet.

Und als man gar den Klosterherren nicht einmal ein Grab gab, sondern ihre Leichen vom Urteilstein in die Schwechat warf, da geschah ein Wunder. Die Leichen der alten Klosterherren, die vielleicht nicht ganz unschuldig waren, trugen die Wellen des Flusses sofort weg. Die Leiche des Jüngsten der Klosterherren aber, der gewiss ganz unschuldig gewesen war, versank weiß wie sein Kleid mit dem roten Kreuz in dem Wasser des Urteilsteines in unergründbarer Tiefe.

Wenn aber jemals im Lauf der langen Jahre ein unglückliches Liebespaar, verzagend auf göttliche oder menschliche Hilfe, mit unheimlichen Absichten den verrufenen und viel verfluchten Urteilstein erstiegen und dort verzweifelnd, bis Sonnenuntergang, von den zerklüfteten Felsen zu der drohenden und lockenden Tiefe des Wassers blickte, da tauchte in der Tiefe der schwarzen Flut glühend das blutrote Kreuz, das der jüngste der Klosterherren getragen hatte und eine warnende Hand empor und scheuchte immer die Menschen vor einer Tat, die auch ihnen das ehrliche Begräbnis verweigern würde.

Seit dieser Zeit wuchs an der Seite des Felsens, wo man die Leichen der Klosterherren in den Fluss warf, fortan die deutsche Schwertlilie, und der Urteilstein ist auch heute noch der einzige Standort in der ganzen Umgebung, wo man die Iris germanica noch wild wachsend vorfindet.

◆ ◆ ◆

Die Sage verlegt den Sitz der Tempelherren auf die Burg Scharfeneck. So wie sich nach der Aufhebung des Ordens nur noch geringe Spuren von den Templern bis in unsere Zeit erhalten haben, ist auch von der einstigen Burg nur noch geringer Bestand erhalten. Die wenigen Mauerreste liegen am Südhang des Helenentales, oberhalb der Hauswiese auf einem dichtbewaldeten Kogel.

Die Verfolgung der Ordensritter fand auch hier wie wahrscheinlich auch an vielen anderen Orten aus Habgier statt. Die benachbarten Adeligen konnten sich so noch Besitz sichern, ehe die Templerhabe auf Befehl Papst Clemens V. an die Johanniter auszuliefern war.

Den ersten sicheren urkundlichen Beleg liefert erst das 15. Jahrhundert, da eine genaue Festlegung der Örtlichkeit aus den früheren Urkunden nicht hervorgeht und eine Verwechslung mit der Ruine Scharfeneck bei Mannersdorf am Leithagebirge möglich ist. Im Jahre 1405 stellte ein „Friedrich Herr zu Scharffenekk" einen Kaufbrief aus. 1476 scheint ein Ulrich Kamper auf, der sich nach der Burg nannte. Später wird ein Wolfgang dieses Geschlechtes, vermutlich des Ulrich Sohn, mit dem „Haus" und allen Gründen auf dem Lindkogel belehnt, und 1517 wurde dieser Besitz an seine Tochter Barbara übertragen. Bis zur Mitte des 17. Jahrhunderts lässt sich dieses Geschlecht verfolgen, so 1553 ein Christoph und 1641 eine Maria. 1672 erscheint die Festung schon als Ruine.

Die spärlichen Überreste erstrecken sich von Nordosten nach Südwesten und bestehen aus den verfallenen Ringmauern, die eine rechteckige Anlage umgeben. An der Südwestseite hat sich einst der runde Bergfried erhoben, dem ein keilförmiger Bau im unteren Teil vorgelagert und gegen den Burgweg gerichtet war. Neben dem Bergfried befand sich der kleine Torbau, der unter dem Schutz des Turmes, schwertarmseitig stand. Diese Toranlage mit dem davor liegenden Halsgraben erinnert an die fast gleiche Anlage der Burg Mödling. An der gegenüberliegenden Seite hat sich einst der Palas erhoben, was aus dem noch sichtbaren Mauerwerk und der zur Ostmauer parallel führenden Bodenerhebung geschlossen werden kann. An dieser östlichen Schmalseite dürfte an der Außenseite der Ringmauer ein dreiecksförmiger Vorbau bestanden haben. Das Mauerwerk der Umfassungsmauer ist gut aus Quadern gefügt und auch das Bruchsteinmauerwerk lässt eine bauliche Sorgfalt, ähnlich wie in der Templerburg Lockenhaus, erkennen. Die Kleinheit der Anlage und die Struktur des Mauerwerkes gestattet die Annahme, dass dieser Bau gegen Ende des 12. oder zu Beginn des 13. Jahrhunderts entstanden ist.

Gemeinsam mit Rauheneck und Rauhenstein, für die die Urkundenlage aber deutlich besser bezeugt ist, bildet Scharfeneck ein Burgendreieck, das für die Deckung und Sperre des wichtigen Straßenzuges Baden – Heiligenkreuz – Triestingtal zu sorgen hatte und

Der Urteilstein bei der Burg Scharfeneck im Helenental. Ansicht aus dem Biedermeier, mit dem durchbrochenen Felsen. Von diesem Felsen warf man die Leichen der Templer in den Fluss.

in wunderbarer Sichtverbindung mit den Wehranlagen im Osten, wie Leesdorf und Tribuswinkel, stand.

Das Fehlen sämtlicher urkundlicher Belege für die Burg im Mittelalter, speziell für die Bauzeit um 1200, bis weit über die Aufhebung des Templerordens im Jahre 1312 hinaus, lässt den Schluss einer Besatzung durch die Templer durchaus zu. Die Legende spricht von den Templern im Zusammenhang mit dem Urteilstein. Möglicherweise haben die auf den benachbarten Burgen ansässigen Tursen die Gunst der Stunde genutzt, um in den Besitz von Scharfeneck zu kommen.

Die räumliche Nähe der Burg zu Mödling, sowie zur Zisterzienserabtei Heiligenkreuz, lässt auch an die ähnlichen Kombinationen wie Zwettl – Friedersbach oder Klostermarienberg – Lockenhaus denken.

◆◆◆

Der Grabstein in Mödling

Die Tempelherren in Mödling besaßen noch keine Kirche. Da ereignete es sich, dass zu dem Ordensgebäude täglich aus der Herde, die in der Nähe weidete, ein Geisbock kam, der an einer bestimmten Stelle die Erde aufgrub. Eines Tages verschwand der Bock. Die Templer, denen dies aufgefallen war, untersuchten die Stelle, und als sie weitergruben fanden sie zu ihrer Überraschung eine Kiste voll Gold. Es wurde beraten, was mit dem Gold geschehen solle, bis man auf den Gedanken kam, damit die Kirche zu erbauen.

Als Erinnerungszeichen des Goldfundes ließen die Brüder an einem der Kirchenpfeiler eine große Platte von rotem Marmor anbringen, worauf ein Wappen mit zwei Geisböcken noch heute zu sehen ist.

◆ ◆ ◆

Der Wehrkirchenbereich in Mödling, mit dem ehemaligen Wehrgebäude in der Nordwestecke des Platzes, wird in manchen Publikationen heute noch oft Templerruine genannt. Im Bereich der Othmarskirche und der Rundkirche befand sich schon lange vor der Errichtung der Burg Mödling eine befestigte Burganlage, die den Schutz des unterhalb gelegenen Ortes gewährleistete. Die Anfänge dieser Burganlage reichen bis in das 11. Jahrhundert zurück. Der Zugang zu der aus Gräben, Wällen, Fels- und Stützmauern, Palisadenwänden und Flechtzäunen gebildeten Befestigung erfolgte durch die heutige Kirchengasse, von wo aus über eine Holzbrücke der Zugang zur Plattform des Hauptwerkes erfolgte.

Innerhalb des Palisadenringes des Hauptwerkes befand sich die Hochburg mit Speicher- und Stallungsbauten, Kapelle und festem Haus, die alle ursprünglich aus Holz waren und wahrscheinlich in der Mitte des 12. Jahrhunderts durch Steinbauten ersetzt wurden. Die ersten Gebäude aus Stein waren neben der Stützmauer im Graben wohl das feste Haus, die romanische Kirche und die Rundkirche, der sogenannte Karner. Das feste Haus des 11. und 12. Jahrhunderts war, wie zu dieser Zeit üblich, Wohnhaus und Wehrturm zugleich. Die wahrscheinlich bald nach 1252 erbaute frühgotische Kirche von enormen Ausmaßen schloss direkt an den Quaderbau des festen Hauses an.

Eingang zur Rundkirche der Templer in Mödling. Wenn der Bericht der Baukommission Recht hat, liegen in seinem Untergeschoss die letzten Templer von Mödling begraben.

Die Errichtung dieses Baukomplexes wird durch manche Historiker den Babenbergern zugeschrieben. Wobei hier keine Einigkeit herrscht, ob denn nun Friedrich der Streitbare oder Heinrich von Mödling in Frage käme. Doch lassen wir uns hier vom Bericht über eine Baukommission beeindrucken, der Ende des 19. Jahrhunderts entstanden ist.

Der 4. November 1884 schien für einen kleinen Trupp von Bauarbeitern in Mödling routinemäßig zu verlaufen. Über Auftrag des Bürgermeisters Josef Schöffel hatten sie sich in den etwas höher gelegenen Teil des Ortes begeben, um mit Renovierungsarbeiten an dem alten Karner der angrenzenden Kirche St. Othmar zu beginnen. Aus ihrer Jugendzeit wussten die Arbeiter, dass sich so manche Legende um dieses mittelalterliche Mauerwerk rankte.

Über Jahrhunderte soll der Tod ein ständiger Mitbewohner im Kirchenviertel gewesen sein, so hatte man ihnen als Kinder erzählt. Wie sehr sich jeder einzelne damit beschäftigte, wurde nicht weiter erörtert. Zu groß war die Gefahr, sich mit der eigenen Meinung dem Spott der anderen auszusetzen. Also sprach man lieber gar nicht über das Gehörte und wenn doch, dann in einer pietätlosen Art mit derben, makabren Späßen.

Als sie kurze Zeit später zu dem baufälligen Sakralbau kamen und ihn näher begutachteten, waren sie von seiner eigenwilligen Bauform fasziniert. Der Rundbau mit seinen roh behauenen Quadermauern, die harmonische Verbindung der acht gleichmäßig angeordneten, zierlichen Lisenensäulen mit den Blattkapitellen entfachte in den einfachen Leuten Ehrfurcht und Bewunderung. Wer mochte einen solch aufwendigen Bau in Auftrag gegeben haben? Ein geistlicher Würdenträger aus jener Zeit? Die Babenberger, mit denen man die Anfänge von Mödling so gerne in Verbindung brachte? Oder waren es jene geheimnisvollen Ritter mit dem Kreuz, von denen die alten Leute unten im Ort immer erzählt hatten? Streng genommen konnten diese Fragen den Bauarbeitern gleichgültig sein. Ihr Auftrag war es, die notwendigen Restaurierungen durchzuführen und sich nicht über mittelalterliche Kirchen- und Architekturgeschichte den Kopf zu zerbrechen. Ein eigenartiges Gefühl, eine Mischung aus Angespanntheit und Erwartung, begleitete sie dennoch.

Beim Betreten des dunklen Innenraumes schlug ihnen feuchte, kaltmodrige Luft entgegen, und während sie zur unteren Ebene der Apsis stiegen war ihnen, als würden die steinernen Fratzen an den Säulen jede ihrer Bewegungen beobachten. Fresken, in Manier der Romanik mit roten Linien vorgezeichnet, die Figuren mit kräftigen

Farben ausgemalt, schauten ihnen wie aus einer fernen Welt entgegen, fremdländisch, verzaubernd und doch distanziert. Nachdem die Männer ihre mitgebrachten Handlampen entzündet hatten, um das Kellergewölbe weiter inspizieren zu können, bemerkten sie im flackernden Licht ihrer Karbidleuchten, dass der Boden, auf dem sie standen, tiefe Risse und Spalten aufwies. Als sie den Bauschaden näher betrachteten, stockte ihnen der Atem. Tief unter ihnen lagen unzählige menschliche Knochen, mumifizierte, teilweise mit Kleiderresten und Schuhen bedeckte menschliche Leiber, ganze Wäschebündel, Gebetbücher, Kreuze, alles wirr durcheinandergeworfen. Die einfachen Handwerker, die bis zu diesem Zeitpunkt mit der Situation noch einigermaßen zurechtgekommen waren, verließen daraufhin überstürzt das unheimliche Grabgewölbe, und schon kurze Zeit später fand sich eine Kommission bei dem mittelalterlichen Gebäude ein, um der Sache auf den Grund zu gehen.

Was nun zu Tage kam, kann wahrlich als Bilderbuch zur ostösterreichischen Geschichte bezeichnet werden. Jene Skelettteile, die von den Arbeitern in unmittelbarer Nähe des Fußbodens gefunden wurden, stammten von einem Massaker aus den Tagen der zweiten Türkenbelagerung. Bei den Toten handelte es sich um die Opfer türkischer Streifscharen, die am 13. Juli 1683 zahlreiche Menschen aus der St. Othmarkirche gezerrt und bestialisch ermordet hatten. Die Leichen waren am Kirchenplatz liegengelassen worden und wurden erst einige Wochen später von den zurückkehrenden Mitbürgern in den Karner geworfen. Nach Aussage eines Mödlinger Stadtvertreters hatte diese Schicht, in der die Toten lagen, eine Mächtigkeit von zwei Klaftern (3,80 m). Aber noch waren die grauenhaften Räumarbeiten nicht zu Ende. Als man bereits glaubte, die Fundamentdecke erreicht zu haben, stieß man nach Durchbruch einer grau-gelben Lehmschicht auf ein weiteres Massengrab. Diesmal waren es die sterblichen Überreste der Bauern und Bürger, die sich im Jahre 1252 vor magyarischen Reitern hierher geflüchtet hatten, entdeckt und an Ort und Stelle erschlagen worden waren. Bei den teilweise zu Staub zerfallenen Gebeinen lagen Tonkrüge, verfaultes Holzgeschirr und vor allem Unmengen von Kleidungsresten. Die Mächtigkeit dieser zweiten Knochenanhäufung hatte noch einmal eine Dichte von ein und einen halben Klafter (2,85 m).

In unmittelbarer Nähe des Lehmkonglomerates wurden aber mehrere reguläre Bestattungen entdeckt, die eindeutig dem geistlichen Stande zuzurechnen waren. Gewänder aus schwerem Brokat wurden sichtbar, zusammengehalten von Lederriemen und reich geschmückten Bändern. Eine seltsame mystisch-geheimnisvolle Aura umgab diese Toten. Und noch etwas fiel auf: Auf den einst hellen Ordensgewändern zeichnete sich das achteckige Tatzenkreuz ab. Bei den Verantwortlichen, die die Freilegung der Krypta ständig im Auge behielten, machte sich Unsicherheit bemerkbar. Sollten die alten Sagen über die Ritter mit dem Kreuz auf Wahrheit beruhen? Waren die ersten Erbauer der romanischen Kirche und des Karners vielleicht wirklich Ordensleute gewesen, die dem Templerorden angehört hatten? Konnte es möglich sein, dass hier, fast 13 Meter unter der Empore, jene letzten Ritter Christi vom Salomonischen Tempel bestattet wurden, nachdem ihr Orden im Gefolge von Intrigen und Verleumdungen verfolgt und schließlich aufgelöst worden war?

◆ ◆ ◆

Der Templermord zu Mödling

Zur Zeit der Templerverfolgung saß zu Mödling als Burgherr Eckhard Bruno, ein wegen seiner Strenge gefürchteter Richter, der mit den Babenbergern entfernt verschwägert und durch seine Gattin, Gräfin von Kielsdorf, eine natürliche Tochter des Kaisers Friedrich, mit diesem verwandt war.

Bei der Verhandlung gegen die Templer bediente sich Eckhard Bruno falscher Zeugen, welche die Templer als Ketzer verklagten, die wüste Ausschweifungen begehen und den Baphomet, das Idol des Untergottes, einen metallenen Menschenkopf, verehrten und küssten. In einer finsteren Nacht ließ Bruno die in der Komthurei versammelten vierzig Ritter überfallen, festnehmen und in der Krypta der Marienkirche nach vorangegangenen Martern töten.

◆◆◆

Die Sage vom Templermord zu Mödling ist inhaltlich und räumlich doch sehr verknüpft mit der vorhergehenden Geschichte. Interessant in diesem Zusammenhang ist die Erwähnung des Baphomet, eines angeblichen Götzen, der auch in den Prozessakten gegen die Tempelherren immer wieder auftaucht.

Für den Ursprung des Wortes Baphomet gibt es mehrere Möglichkeiten. Eine Verballhornung des arabischen Wortes „abufihamet", das im moslemischen Spanien des Mittelalters „bufihimat" ausgesprochen wurde und soviel bedeutet wie „Vater der Weisheit". Das arabische Wort entspricht auch dem von Quelle, was die Quelle des Wissens bedeutet. Eine weitere Möglichkeit stellt die Abwandlung des arabischen „Mohammed" dar. Es ist aber äußerst unwahrscheinlich, dass ausgerechnet die Streiter Christi den Propheten Mohammed verehrt haben sollen. Eine dritte Möglichkeit findet sich im berühmten Turiner Grabtuch, dem „Santa Sindone", das nach der Eroberung Konstantinopels im Jahre 1204 durch Kauf in die Hände der Templer gelangte. In gefaltetem Zustand zeigt es den Kopf und das Gesicht eines bärtigen Mannes. Es werden wohl einige Abbildungen dieses Heiligtums innerhalb des Ordens existiert haben, wenn auch nicht allen Ordensangehörigen der Sinn dieses Bildnisses klar war.

In der gängigen Literatur zum Thema Templerorden werden oftmals auch Kapitäle auf Säulen und figürliche Darstellungen an Templerkirchen als Baphomet bezeichnet. Es handelt sich dabei in der Regel um Köpfe mit drei Gesichtern.

Etwa fünfzehn Kilometer nordöstlich von Wien entfernt, auf direktem Weg zur Komthurei Scheikwitz, abseits der heutigen Bundesstraße, liegt der Ort Kronberg. Der Ort selbst ist seit der Steinzeit besiedelt, bedeutende Funde aus allen Epochen belegen dies. Der ganze Hügel und die angrenzenden Erhebungen sind von einem wahren Labyrinth von Gängen durchzogen, die zum Teil als Weinkeller in Verwendung stehen. Manche dieser Keller und Gänge sind vier und mehr Stockwerke tief. Auf einem Plateau, gegen Sonnenaufgang gerichtet, wurden mehrere Gebäude von einem Künstler zu einem Komplex vereint, in dem die stummen Zeugen einer großen Vergangenheit aufbewahrt werden. Neben Bodenfunden aus der Stein-, Bronze- und Völkerwanderungszeit werden dort auch gotische Bauteile der ehemaligen Burg Kronberg, ein Templerschwert und das sogenannte Templerkreuz aufbewahrt. Von besonderem Interesse sind zwei Steine, ein Kapitell und das zweite eine Art steinernes Siegel. Beide dargestellten Motive sind aus der Literatur über die Templer bekannt, jedoch innerhalb Österreichs mit Ausnahme der Kirche von Guntersdorf an keinem anderen Ort präsent.

Das Kapitell hat die Form eines Kopfes, der mit drei Gesichtern ausgestattet ist. Einige solcher Köpfe sind von den Templerkapellen in Spanien bekannt, so zum Beispiel an der Außenwand der Kapelle von Caracena. Die Deutungen und Erklärungen über den Sinn dieser Köpfe gehen weit auseinander. Für viele besitzen sie esoterische Bedeutung. Wahrscheinlich aber bedeutete es in der frommen Symbolik der Templer ein schlichtes Symbol der Dreifaltigkeit oder war ein Ausdruck für Weisheit, Göttlichkeit und Allmacht.

In der Kirche von Guntersdorf, einem dreischiffigen, frühgotischen Bau aus dem 12. Jahrhundert, befindet sich auf einer Konsole, ähnlich wie der Stein in Kronberg, ein Kopf mit drei Gesichtern und vier Augen. Der Stein hier ist aber von feinerer Steinmetzarbeit, die Gesichtszüge sind deutlicher ausgearbeitet oder einfach nur besser erhalten. Ob man nun darin ein frommes Symbol der Dreifaltigkeit oder den berühmten Baphomet der Templer sehen möchte, bleibt dem Betrachter überlassen. Möglicherweise waren auch die Konsolen in der Rundkirche von Mödling ähnlich gearbeitet. Die aber wurden schon sehr früh abgeschlagen und vernichtet (1312 ?).

Einer der wesentlichsten Anklagepunkte im Prozess gegen die

Tempelherren war der durch die Handlanger des französischen Königs erfundene, angebliche Götzendienst und die Ketzerei des Ordens. Zur Untermauerung dieses unsinnigen Anklagepunktes wurden nach der Verhaftung der Ordensmitglieder in allen Ordenshäu-

Requiescat in pace.
Die Rundkirche der Templer in Mödling, der sogenannte Karner.

sern sogenannte Kopfreliquien gesucht, aber keine gefunden. Bei den Verhören unter Anwendung der Folter wurden den Templern die Anklagepunkte, die man von ihnen hören wollte, einfach vorgesagt. In den Verhörprotokollen war dann zu lesen, dass im Orden ein heidnischer Götzendienst zu Ehren Baphomets vollzogen wurde. Wenn auch die meisten Templer unter der Folter gestanden, an diesem Götzendienst teil gehabt zu haben, so waren die einzelnen Beschreibungen doch widersprüchlich. Manche behaupteten, ein bärtiges Haupt, gar schrecklich anzusehen, gesehen zu haben. Manche hatten einen Kopf mit Armen oder zwei Beinen gesehen, manche konnten trotz der Tortur überhaupt keine vernünftige Beschreibung liefern.

Warum aber lieferten die Templer überhaupt Aussagen zum eigentlich durch die Ankläger erfundenen Götzendienst? Die Antwort liegt in der dritten Möglichkeit für das Wort Baphomet. Denn dieser war den Templern sehr wohl bekannt, manchen besser und manche hatten nur am Rande davon gehört. Die Antwort findet sich im berühmten Turiner Grabtuch, dem „Santa Sindone", das seit der Eroberung Konstantinopels im Jahre 1204 durch Kauf in die Hände der Templer gelangte.

Viele Jahre, bis zum Beginn der Prozesse 1307, verwahrten die Templer das für die Christenheit so wertvolle Geheimnis. Die Verehrung des geheimnisvollen bärtigen Antlitzes war kein Götzendienst, denn die Templer wussten, wen das Bild darstellte. Es zeigte ihren Herrn und den Herrn der ganzen Christenheit, Jesus Christus. Ihre Verehrung war das Zeugnis frommer Männer, die immer nur für ihren Auftrag lebten. Ihre Verehrung war so groß, dass sie dafür Folter und Feuertod ertrugen, ohne ihr Geheimnis preiszugeben.

Mit der Übernahme des Tuches durch den Orden wurde die bekannte Christusdarstellung im Westen bekannt. Die Templer verbreiteten diese Darstellung auf Fresken und Bauteilen der Ordenskirchen. Nach und nach wurde die Darstellung durch die Architektur und die bildende Kunst weit verbreitet. Dass die Überlieferung vom Baphomet in der örtlichen Bevölkerung bis heute tradiert wurde zeigt deutlich, dass die weißen Mönchsritter hier über alle Zeiten einen starken Eindruck hinterlassen haben.

◆ ◆ ◆

Der Schimmelsprung – Burg Kampeck

Etwas südlich von Gars erhebt sich im Kamptal der Buchberg mit den beiden Burgruinen Klösterle und Schimmelsprung, die mit folgender Templersage umwoben sind.

Auf Burg Klösterle lebte einst ein Tempelritter. Über Auftrag eines Bischofs, die Tempelritter auszurotten, erstürmten Söldner unter anderem auch die Burg Klösterle. Der Burgherr, rechtzeitig in Kenntnis gesetzt, floh auf einem Schimmel. Er wurde aber verfolgt, verfehlte in der finsteren Nacht den Weg und stürzte mit dem Schimmel über einen Felsen in die Tiefe hinab. Der Fels wird seit jener Zeit der „Schimmelsprung" genannt.

Nördlich von Gars am Kamp erhebt sich die Burgruine Kampeck, die in der Überlieferung als Templerburg fortlebt. Als die Aufhebung des Ordens verfügt worden war, drang eine raubgierige Rotte durch Verrat in die Templerburg und ermordete alle Ritter. Nur ein einziger Ritter rettete sich und schlich sich heimlich in den Stall, bestieg einen Schimmel und wollte sich durch die Flucht das Leben retten.

Er wurde aber verfolgt, und wie er in der Dunkelheit durch den Wald planlos weiterritt, sah er sich plötzlich vor einem Abgrund. Er konnte nicht rechtzeitig das Pferd zurückhalten und stürzte in die Tiefe hinab, wo er seinen Tod fand.

◆ ◆ ◆

Sowohl die Sage vom Schimmelsprung, als auch von der Burg Kampeck, weisen im Grunde die selbe Geschichte auf. Während aber von der Burg Kampeck heute kaum mehr etwas zu sehen ist, sind auf dem Schimmelsprung imposante Ruinen der einst stolzen Burg erhalten.

Das Gebiet um Gars am Kamp mit seiner strategisch günstigen Lage an der Nord-Süd-Verbindung durchs Kamptal hat eine bis in die Altsteinzeit zurückreichende Siedlungstradition. Jungsteinzeitliche und bronzezeitliche Siedlungen bestanden an den Hängen zum Teichwiesenbach. In der jüngeren und späten Urnenfelderzeit (ca.

1050–800 v. Chr.) bestand auf dem Höhenrücken oberhalb von Thunau (auf der „Holzwiese") eine große dörfliche Anlage; der Wall dieser Siedlung ist teilweise noch erhalten. Es wurden im Gemeindegebiet auch Siedlungsnachweise der Hallstattkultur sowie La-Tène-zeitliche und markomannische Siedlungs- und Grabfunde gesichert.

Etwa hundert Meter oberhalb des Kamp-Flusses, zwischen Steinbach und Hirschbach gelegen, befindet sich das ausgedehnte Ruinenfeld der Burg des Heinrich von Tumbenowe, der im Jahre 1200 seinen Herrn, den Erzherzog Leopold VI. von Babenberg, als Kämmerer nach Zwettl begleitete, um hier als Zeuge die Rechte der neuen Stadt zu bestätigen. Auch die Stiftsurkunde von Lilienfeld trägt seinen Namen. Die erste urkundliche Erwähnung der Burg selbst erfolgte im Jahre 1196, jedoch nicht mit der Bezeichnung Schimmelsprung, sondern als „altes Schloss Thunau". Die über dem Ort Gars–Thunau thronende Burg diente den Babenbergern als einer ihrer ältesten Stützpunkte und Ende des 11. Jahrhunderts sogar eine Zeit lang als Residenz.

Die Markgrafenburg hatte eine ältere Vorläuferin. Auf der „Schanze" und der Holzwiese in Thunau befand sich im 9. und 10. Jahrhundert eine mächtige Befestigungsanlage der Slawen. Um 900 wird ein getaufter slawischer Adeliger mit Namen Joseph als Burgherr genannt, der dem Bistum Freising im Bereich von Stiefern Grund und Boden schenkt. Ihm ist wohl auch die Kirche zuzuschreiben, deren Fundament im Bereich der slawischen Befestigung ausgegraben wurde.

1041 eroberte Leopold, der Sohn des Markgrafen Adalbert, die slawische Wallburg. Die Babenberger erbauten nun auf dem Schlossberg eine Steinburg, das „Feste Haus", welches wohl schon um 1050 bestanden hat, mit einer Ringmauer. In dieser Burg residierte von 1075–1095 Markgraf Leopold II., der dann auch in der romanischen Burgkapelle im Südturm, der sogenannten Pankratiuskapelle, beigesetzt wurde.

Leopold III. der Heilige wurde wahrscheinlich in Gars geboren. Von 1114 bis 1367 war die Burg Gars als Lehen im Besitz der Burggrafen von Gars, einem Nebenzweig der Kuenringer, unter denen die Burg ausgebaut wurde. In dieser Zeit wurde der romanische Südturm mit Haupttor und Burgkapelle weiter ausgebaut. Es entstand die zweite Ringmauer mit zwei Türmen und dem mächtigen, achteckigen Bergfried im Norden, der damals noch keine Tore im Untergeschoss aufwies. Auch die Gertrudskirche wurde in dieser Zeit errichtet. Von 1368 bis 1429 war die Burg im Besitz der Maissauer, in

.... und stürzte in die Tiefe hinab, wo er seinen Tod fand.

der Folge kamen die Familien der Neydegger, Lamberg und von 1548 bis 1608 die Teufel, welche das große Renaissanceschloss erbauten und die Toranlage mit Zugbrücke. Ab 1622 war die Burg im Privatbesitz verschiedener Geschlechter, um 1800 wurde sie wegen der Dachsteuer abgedeckt und verfiel.

Den Namen Ruine Schimmelsprung erhielt die Burg von der vorher erzählten Sage, nach der der Burgbesitzer, in manchen Geschichten wird er auch als Tempelritter geschildert, so unerbittlich hart über sein Land herrschte, das die unterdrückten Bauern seine Burg erstürmen wollten. Da der Burgbesitzer jedoch die Hufeisen seines Pferdes verkehrt herum beschlagen ließ, konnte er des Nachts immer ungesehen seine Burg verlassen und wieder zurückkommen. Die Bauern wunderten sich darüber sehr, bis ein Burgknecht ihnen die List seines Herrn verriet und sie sich auf die Lauer legten. Kurz darauf wollte der Burgherr wieder seine Burg verlassen, doch das aufgebrachte Volk erwartete ihn schon. Da zog er die Zügel an, ritt im vollem Galopp auf den Abhang zu und stürzte sich mitsamt seinem Schimmel in die tiefe Schlucht. Seither trägt die Ruine den Namen Schimmelsprung.

Dass jemals wirklich Tempelritter auf der Burg zu Gars gewesen sind, scheint eher unwahrscheinlich. Zumindest gehörte ihnen die Festung sicher nicht. Ganz sicher aber gehörten Templer zur Umgebung der Babenberger, wie schon bei manchen anderen Gelegenheiten aufgezeigt werden konnte. Ob sie nun zum Schutz des Landesfürsten, als Bankiers, Diplomaten oder Berater auftraten, an allen wichtigen Herrscherhöfen Europas waren Vertreter des Ordens anwesend. Durchaus vorstellbar ist auch, dass sie sich in Zeiten der Bedrängnis zu ihren Verbündeten, den Adelsgeschlechtern des Landes flüchteten. Vielleicht hatten sich einst Tempelritter in ihrer größten Not in die Burg Gars geflüchtet, wo sie dann Verrätern zum Opfer fielen.

◆ ◆ ◆

Eggenburg

Als die in Eggenburg residierenden Templer erfuhren, dass sie verfolgt würden, entschlossen sich neun Brüder, nach Kampeck zu reiten, um mit den daselbst angesiedelten Brüdern über ihr Los zu beraten, während ein Ritter im Schloss zurückblieb. Auf der Rückkehr wurden die neun Ritter vor ihrem Schloss in Eggenburg von den Verfolgern, wie es heißt, durch Verrat überfallen und sodann ermordet.

Nach einer zweiten Fassung der Sage wurden die Ritter in die Kellerräume ihres Schlosses gedrängt und daselbst ermordet. Der zurückgebliebene Templer konnte durch einen geheimen Gang rechtzeitig das Schloss verlassen und zu seinen Ordensbrüdern nach Ungarn entfliehen. An der Stelle, wo der Überfall geschah, wurde später eine Johannissäule errichtet.

◆ ◆ ◆

Eggenburg gehört zu den besterhaltenen mittelalterlichen Städten Österreichs. Im Jahre 823 wurde Eggenburg als „Eginhurc“ erstmals urkundlich erwähnt. Unter den Babenberger Herzögen war eine hier bereits bestehende karolingische Burgsiedlung zu einem wahrhaften Stützpunkt innerhalb der Verteidigungslinie gegen Königreich Böhmen erweitert und ausgebaut worden. Die im Hoch- und Spätmittelalter vor allem durch den Weinbau wohlhabend gewordene Gemeinde bezeugen die gewaltigen Stadtmauern und Türme des 15. Jahrhunderts, die riesige Stadtpfarrkirche St. Stephan und reich geschmückte Bürgerhäuser besonders um den weiträumigen Hauptplatz.

Die Stadtpfarrkirche St. Stephan, ein gewaltiger gotische Kirchenbau, wurde auf einer Felskuppe neben der alten Burg errichtet. Die Kirche überragt die Bürgerhäuser der Stadt um ein Mehrfaches. Die beiden ungleich hohen Vierecktürme mit den Zeltdächern stammen von einer im 12. Jahrhundert außerhalb der Mauern hier errichteten Kirche. Nach diesen beiden mit Friesen und Rundbögen geschmückten Quadertürmen zu schließen, muss bereits der romanische Kirchenbau gewaltige Dimensionen gehabt haben. Vor ihm, im 10. Jahrhundert, stand an derselben Stelle wahrscheinlich eine

Holzkirche. Die Steinkanzel in der Eggenburger Pfarrkirche stammt aus dem 15. Jahrhundert und ist das Werk eines Eggenburger Steinmetzen, der die um 1500 entstandene Kanzel des Meisters Anton Pilgram im Wiener Stephansdom studiert haben muss. Auch die Gestalt und die Ausmaße des mächtigen Langhauses verweisen auf den Einfluss der Bauhütte von St. Stephan in Wien. Durch einen eingeschossigen Trakt wurde die Kirche im 15. Jahrhundert in das Wehrmauersystem der Stadt einbezogen.

Bereits in karolingischer Zeit bestand auf dem Bergsporn in der Schmidaschleife die Siedlung des Namen gebenden Egino. Den dann babenbergischen Besitz befestigten unter Einbeziehung eines „Windischen Dorfes“ die Kuenringer. König Rudolf I. bestätigte dem erweiterten Markt 1277 Stadtrechte nach Wiener Vorbild und verlieh das Stadtsiegel. 1411 wurde zu St. Stephan der von den Ständen aus der Vormundschaft seines Oheims Friedrich befreite siebenjährige Habsburgerspross Albrecht für mündig erklärt. Als Albrecht V. verlieh er Eggenburg das Salzniederlagsrecht und bewilligte den Salzhandel entlang der Fernwege nach Böhmen und bis zur Donau.

Nach der zweiten Stadterweiterung Anfang des 15. Jahrhunderts entstand der noch aufrechte Mauerring. In diesem Jahrhundert hatte Eggenburg unter den Einfällen der Hussiten – sie wurden blutig abgeschlagen – und des Königs Podiebrad zu leiden. Der Ungarnkönig Matthias Corvinus musste die Stadt 30 Tage belagern und beschießen lassen, bevor er sie 1486 einnahm und bis 1490 besetzt hielt. Die schönen Hausfronten des 16. Jahrhunderts am Hauptplatz verdankt Eggenburg einigen durch Weinbau, Wein- und Salzhandel vermögend gewordenen Bürgern. Nach Plünderungen und Verwüstungen durch die Schweden im Jahre 1645 standen 77 Häuser leer, über ein Dutzend waren eingestürzt. Doch verhalf der Zogelsdorfer Sandstein und seine Verarbeitung durch Eggenburger Meister der Stadt in der Folge nochmals zu einem barocken Wohlstand. Mit Zogelsdorfer Sandstein wurde nicht nur die Wiener Stephanskirche erbaut, auch das Gestein für Schönbrunn, die Karlskirche, für die meisten Barockpaläste und viele Ringstraßenbauten der ehemaligen Reichshauptstadt Wien stammt aus den Steinbrüchen südlich der Stadt.

Eindrucksvoll wirkt noch heute das im Westen um die St. Stephanskirche und im Osten der Stadt zyklopenhaft aufragende, hervorragend instand gesetzte Wehrmauerwerk des 15. Jahrhunderts mit Türmen, Stadtgraben und Glacisanlagen. Nicht weniger imposant wirkt die Weite des Hauptplatzes, ein unterhalb der Burg und

Die St. Stephanskirche in Eggenburg.

der Pfarrkirche entstandener riesiger Dreieckanger, mit Klosterfreihöfen der Stifte Zwettl, Herzogenburg und Klosterneuburg.

Graf Anton Mailly selbst schreibt über Eggenburg: *„In Hormayrs Taschenbuch für vaterländische Geschichte, Wien 1822, wird eine Überlieferung behandelt, nach der die Templer das Schloss, das später den Theresianischen Fondsgütern gehörte und neben der alten Stephanskirche sich befand, besessen hätten. Die hartnäckige Überlieferung von der Templerburg in Eggenburg beruht vor allem auf der Verwechslung dieses Ordens mit den Johannitern, die in der Gegend Güter besaßen. Mailberg ist eine bekannte Ritterkommende der Johanniter.*

In Eggenburg selbst besaß dieser Orden ein Haus, genannt Münichhof, das eine Johanneskapelle barg und im Jahre 1315 (!) Privatbesitz wurde. Später erscheint das Haus als Freihaus des Stiftes Geras und ist seit Beginn des 16. Jahrhunderts das Rathaus der Stadt gewesen. Es muss auch besonders hervorgehoben werden, dass die Johanniter-Ordenspriester von Mailberg infolge Vertrages den Kirchendienst von Eggenburg vom 13. bis zum 15. Jahrhundert versehen haben. Da im 15. Jahrhundert in Eggenburg eine eifrige Hussitenverfolgung stattgefunden hat, ist es nicht ausgeschlossen, dass dieselbe in späterer Zeit als historisches Bild einer Templerausrottung benutzt wurde, womit auch die Sage vom Templermord in der Eggenburger Burg zu erklären wäre. Schließlich mag es auch gewesen sein, dass im Zeitalter der Templariomanie einige plastische Stücke, wie zum Beispiel das Zwillingsbild an der äußeren Chorwand und andere Steinbilder der Stephanskirche von Eggenburg, archäologische Forscher verleiten ließen, diese mit der ohnehin bereits bestandenen Templertradition in Verbindung zu bringen.“

Man kann davon ausgehen, dass Mailly hier irrt. In der Bestrebung, nur keine möglicherweise falschen Informationen zum Templerorden zu verbreiten, hat er übervorsichtig reagiert. Obwohl Hormayr zu Zeiten der sogenannten Templariomanie, also im Biedermeier schrieb, hatte er seine Informationen doch aus älteren Quellen und aus der Überlieferung zusammengetragen. Es stimmt schon, dass die Johanniter in der Gegend begütert waren. Warum aber hätten sie ihr Haus in Eggenburg ausgerechnet im Jahre 1315 verlieren sollen? Deutet dieses Jahr nicht doch eher auf die Tempelherren hin, deren Orden 1312 vom Papst aufgehoben wurde? Die ansässige Bevölkerung konnte sehr wohl zwischen Templern und Johannitern, die zu dieser Zeit mittelhochdeutsch „Santihanzer“ genannt wurden, unterscheiden. Alleine die Farben der Ordenskleidung, Weiß bei den Templern, Schwarz bzw. Rot bei den Johannitern, machte diese leicht erkennbar. Auch sollte man den Menschen, die am Ort lebten, nicht unterstellen, dass sie die Hussitenkonflikte mit den Templern in Verbindung bringen. Sollten also jemals Ordensritter den Münichhof in Eggenburg besessen haben, so waren es wahrscheinlich Tempelritter. Zumindest bis zum Jahre 1315.

◆ ◆ ◆

Drosendorf und der Fluch der Burg Eibenstein

In Drosendorf lebte vor langer Zeit ein Eibensteiner Ritter, der selbst ein Templer war und in dieser Stadt ein Haus, das sogenannte „Templerhaus“ besaß. An der Außenseite des Hauses ist heute noch in Stockhöhe ein stark übertünchtes, steinernes Reliefbild eingemauert, dessen Ausführung sehr undeutlich ist. Ein Eibensteiner Ritter soll es aus den Kämpfen mit den Ungläubigen zuerst nach Eibenstein und dann nach Drosendorf gebracht haben. Vor grauen Zeiten soll vom Templerhaus in Drosendorf ein unterirdischer Gang bis zum sogenannten „Templerhof“ in Elsern, einem Ort vor Drosendorf, angelegt gewesen sein.

Aus den vielen Sagenbildern über Burgen und Ruinen im Thayatal erfährt man, dass in der Überlieferung der Glaube an die Templer dortselbst fortlebt. So heißt es unter anderem, dass die Templer im Thayatal nicht auf Befehl Philips des Schönen, sondern von den Bauern teils wegen ihres nicht einwandfreien Lebenswandels, teils wegen ihrer Bedrückung an einem Tag überfallen und ermordet wurden.

Als Erbauer der Templerburg Eibenstein werden die wenig begüterten Eibensteiner genannt. Der letzte dieses Geschlechtes wird im Jahre 1549 erwähnt. Unter den Eibensteinern tritt ein Mann hervor, der von riesenhafter Größe und Kraft war und eine herzlose Natur hatte. Wurde er wegen eines Vergehens verfolgt, war er plötzlich spurlos verschwunden. Sein Geheimnis bestand darin, dass er seinem Pferd die Hufeisen verkehrt anschlagen ließ und daher schwer entdeckt werden konnte. Für die Flucht benützte er einen unterirdischen Gang seiner Burg, der nur ihm allein bekannt war. Seine Schlauheit brachte ihn in den Ruf, mit dem Teufel im Bunde zu stehen. Man sagte auch, dass einer seiner Ahnen ein Menschenfresser gewesen wäre, während er selbst Menschenblut trank, um sich jung zu erhalten.

Dieser schreckliche Eibensteiner Ritter besaß in Drosendorf das bereits erwähnte Templerhaus, als dessen Besitzer aber einer seiner Getreuen galt. In diesem Hause fanden große nächtliche Gelage statt, und da berichtet eine Sage, dass bei einem solchen eine Jungfrau dem Ritter nicht gefügig war. Er schleuderte sie mit solcher Wucht gegen die Zimmerecke, dass das Mauerwerk sich nach außen bog. Diese Wandecke ist als sogenannte „Jungfernecke“ noch heute zu sehen. Noch in derselben Nacht erreichte aber den Wüstling bei der Heimkehr die Vergeltung. In seiner Abwesenheit wurde seine Burg erstürmt, die geringe Besatzung niedergemetzelt und der rote Hahn aufs Dach gesetzt. Vor seiner Burg angelangt, sah der Ritter die Flammen lichterloh gegen den Himmel schlagen und wurde vor Schreck zu Stein.

Unmittelbar neben der Straße zwischen Eibenstein und Primersdorf ragt ein fast fünfzig Meter hoher, senkrechter Felsblock in die Höhe, dessen oberer Teil das behelmte Haupt des Riesen zeigt. Der Fels heißt der Schreckenstein oder Schreckenfels. Der Ritter kann nur dann erlöst werden, wenn auf Eibenstein eine gottgeweihte Stätte errichtet wird, denn auf der Burg lastet nicht nur der Fluch des letzten Ritters, sondern auch des Erbauers, der auf einer Hirschenjagd einen frommen Einsiedler aus seiner Klause vertrieb, um an dieser Stelle die Burg erstehen zu lassen. Der Schreckenfels wird mitunter auch Ritter- oder Schimmelsprung genannt, wozu eine Variante zu der Sage aus dem Kamptal wiedergegeben wird, die lautet: Der auf Eibenstein hausende Templer vermochte zwar eine Zeit lang seine Feinde zu täuschen, indem er seinem Rosse die Hufeisen verkehrt anschlagen und so seine Verfolger über sein Aus- und Heimreiten im Unklaren ließ, bis auch diese List durch einen Schlossknecht verraten und dem Ritter bei seiner Heimkehr der Weg zur Burg durch die Bewaffneten verlegt wurde, so dass er ohne Aussicht auf Rettung seinem Pferde die Augen verhüllte und sich mit ihm den steilen Felsen in die Fluten der Thaya hinabstürzte. Heute noch zeigt der Volksglaube an der Steinwand Flechten und Moose als die hellen und dunklen Flecken vom Blute des Ritters und seines Rosses.

◆ ◆ ◆

Im Jahre 1188 erfolgt die erste urkundliche Erwähnung von Drosendorf. Albero von Drosendorf scheint als Zeuge in einem Schutzbrief des Bischofs von Passau für das im Jahre 1153 gegründete Stift Geras auf. 1255 wird ein gewisser Gerwig als Stadthauptmann genannt, was darauf schließen lässt, dass Drosendorf damals schon das Stadtrecht besessen hat. Als König Ottokar im Jahre 1278 mit seinem Heer ins Marchfeld zur Schlacht gegen Rudolf von Habsburg

Burgruine Eibenstein im Thayatal.

zog, belagerte er mit 18.000 Mann Drosendorf, das sich unter der Führung des Stefan von Maissau 16 Tage lang verteidigen konnte. Rudolf von Habsburg sammelte unterdessen sein Heer bei Dürnkrut. Ottokar verlor die darauffolgende Schlacht und sein Leben. 1310 verlieh Friedrich der Schöne Drosendorf die gleichen Rechte an Maut und anderen Dingen, wie sie Laa, Eggenburg und Korneuburg bereits besaßen.

Die Anfänge des Ortes Eibenstein, das in einer Flussschlinge des Thayatals östlich von Raabs liegt, reichen bis in das 12. Jahrhundert zurück. Zwischen 1160 und 1242 wird die Siedlung in verschiedenen Urkunden erwähnt. Auf dem der Siedlung gegenüberliegenden Flussufer wurde die heute nur mehr als Ruine erhaltene, sagenumwobene Burg Iwenstein errichtet, die als Glied einer Burgenkette entlang der Thaya den Flussübergang sichern sollte. Von 1192 bis 1194 war sie Sitz von Riwin und Leopold de Iwenstein, Ministerialen der Grafen von Pernegg. Die ursprünglich aus einem festen Haus und einer Kapelle bestehende Burg wurde im Spätmittelalter mehrfach umgebaut und um eine Vorburg mit Turm erweitert. Nach dem Aussterben der Pernegger 1220 fiel die Herrschaft an die Babenberger. 1278 soll König Ottokar II. auf dem Weg zur Entscheidungsschlacht bei Dürnkrut die Thaya nahe Eibenstein überquert haben. Seit etwa 1300 standen die Eibensteiner im Dienste der Maissauer.

Was aber haben die Tempelritter nun tatsächlich mit Drosendorf und Eibenstein zu tun? Der Orden der Tempelherren wurde an der Wende vom 12. zum 13. Jahrhundert, etwa zur selben Zeit wie die Johanniter und der Deutschherrenorden, in der damaligen Babenbergerresidenz Wien ansässig. Es scheint wahrscheinlich, dass die Templer, bedingt durch das Naheverhältnis zu den Zisterziensern, schon vorher im Umkreis der Besitzungen von Heiligenkreuz und Zwettl zu finden waren, Aufzeichnungen darüber wurden aber bisher nicht gefunden. Aufzeichnungen über die Entstehung des Ordens und den Prozess in Frankreich befinden sich im Archiv des Zisterzienserstiftes Zwettl.

Herzog Leopold, der schon zu Lebzeiten der „Glorreiche" genannt wurde, hatte als Stifter der Abtei Lilienfeld (Campo Lilia) ein besonderes Naheverhältnis zu den Zisterziensern, beteiligte sich im Dienste der Kirche und des Papstes aber auch an militärischen Unternehmungen außerhalb seines Herzogtums. Im Jahre 1212 zog er zur Bekämpfung der Albigenser nach Südfrankreich bzw. zum Maurenkampf nach Spanien. In den Jahren 1217 bis 1219 beteiligte er sich an einem Kreuzzug ins Heilige Land und nach Ägypten. In allen diesen militärischen Unternehmungen hatte er engste Kontakte zu den Templern.

Im Gefolge des Herzogs befanden sich viele seiner Dienstleute. So zum Beispiel die Kuenringer, die Hackenberger, die Grafen von Plain-Hardegg, aber auch Pernegger und viele andere. Der Babenberger und sein Gefolge waren auf diesem Kreuzzug einige Zeit zu Gast im Pilgerschloss, dem Chateau Pelerin der Templer. Hier wurden sicher die Beziehungen der Kreuzfahrer zum Orden vertieft. Die Angriffe auf Damiette wurden vom Herzog und seinen Leuten in engem Verbund, gemeinsam mit den Tempelherren durchgeführt. Sowohl Herzog Leopold VI. selbst, als auch seine Ministerialen und Dienstleute hatten auf Grund der Kreuzzüge also Beziehungen zu den Templern. Es ist eine historische Tatsache, dass den Tempelherren in allen christlichen Ländern enorm viele Schenkungen und Zuwendungen seitens des Adels gemacht wurden. Also auch auf dem Gebiet der Babenberger, seiner Ministerialen und Dienstleute. Es existieren zwar keine Urkunden für die Anwesenheit der Tempelritter in Drosendorf und Eibenstein, aber im Sinne des vorhin Gesagten ist es auch nicht unwahrscheinlich.

◆ ◆ ◆

Die Heidenburg Kollmütz

Eine schöne Mythensage erzählt, dass die Templer als Besitzer der Burg Eibenstein sich lange der heidnischen Burg Kollmütz zu bemächtigen suchten. Bei einem erfolgreichen Überfall gewährten die Templer Schwanhilden, der Burgherrin von Kollmütz, nur dann freien Abzug, wenn sie sich zum Christentum bekehren wollte. Schwanhilde bat sich drei Tage Bedenkzeit aus, um ihren im Kampfe gefallenen Bräutigam Egin beerdigen zu können. Auch wollte sie an dem darauf folgenden Tag der Sonnenwende den Göttern noch das letzte Opfer darbringen. Am Abend des dritten Tages schlugen plötzlich hell lodernde Flammen aus allen Teilen der Burg hervor. Schwanhilde, begleitet von ihrem treuen Hund Wulu, verließ die Burg und stürzte sich von der unterhalb derselben befindlichen Felsplatte, heute die „kleine Aussicht" genannt, in die gähnende Tiefe. Erst am nächsten Tage konnten die Templer in die Burg eindringen, fanden jedoch die unversehrten Räume leer und zogen sodann wieder nach Eibenstein.

Die schöne heidnische Sage berichtet weiter, wie Wulu zu einem alten Richter nach Gaber, einer kleinen Feste im Gräberwalde bei Nonndorf lief und ihn durch Gebaren veranlasste, ihm zu folgen. Der Richter fand Schwanhilde mit zerschmetterten Gliedern am Fuße des Felsens liegen. Noch in derselben Nacht schaffte der Alte den Leichnam in die zerstörte Burg und begrub ihn dort unter Mauerresten, damit die Stelle nicht entdeckt werde. Nach seiner Rückkehr nach Gaber wurde der Alte nicht mehr gesehen.

Wulu verblieb auf dem Grabe seiner Herrin. Ein Köhler, der sich einmal des Nachts dorthin verirrte, sah einen großen schwarzen Hund mit glühenden Augen auf dem Haufen liegen und Hexen auf den Trümmern der Burg herumtanzen.

◆ ◆ ◆

Die Ruine Kollmütz liegt südöstlich von Raabs an der Thaya. Diese größte Burgruine des Landes Niederösterreich erinnert an den Böhmenkönig Podiebrad, der sich im Herbst des Jahres 1448 durch einen Handstreich der Hauptstadt Prag bemächtigt hatte und auf seinem Weg zur böhmischen Königswürde, im Streit um die Wahl des La-

Burgruine Kollmütz an der Thaya.

dislaus Posthumus, 1451 auch in Österreich einfiel und die Burg Kollmütz an der Thaya vergeblich belagerte.

Der Versuch der Böhmen scheiterte an der erst kurz vorher errichteten 160 m langen und turmbewehrten Mauer, dem eigentlichen Kennzeichen dieser Burg. Die zinnenbewehrte, heute noch mit Resten des Wehrganges versehene zyklopische Mauer verriegelt die Landzunge in der Thayaschleife und die hier liegende Hauptburg mit dem runden Bergfried. Die Ruine zeigt noch die beiden Tortürme und den turmgeschützten Palas sowie eine Reihe mittelalterlicher Bauelemente und Details.

Sollte die Burg Kollmütz jemals eine Heidenburg gewesen sein, so sicher nicht mehr zu Zeiten des Templerordens. Auseinandersetzungen der Templer mit ihren Nachbarn waren aber wegen ständiger Besitzstreitigkeiten gar nicht so selten. Obwohl die Ordensritteer ihre Waffen nicht gegen christliche Herrscher erheben durften, kamen solche Zwischenfälle vor. Manchmal sogar mit päpstlicher Erlaubnis. Dies zeigt eine Bestätigung von Papst Innozenz IV. aus dem Jahre 1250 für König Bela IV. von Ungarn, der Ordensrittern verschiedene Besitzungen unter der Bedingung schenkt, im Falle eines Angriffes christlicher Könige auf Ungarn 50 Bewaffnete zur Verteidigung zur Verfügung zu stellen.

◆◆◆

Der Adler zu Forchtenstein

Zahlreich sind die Sagen und Erzählungen, welchen an vielen Orten die Erinnerung an angeblichen Templerbesitz bewahren. Lackenbach im Burgenland soll alter Überlieferung nach einst den Tempelrittern gehört haben, da dort später Johanniterbesitz nachgewiesen ist und dieser Orden nach dem Konzil von Vienne im Jahre 1312 in vielen Ländern die Erbschaft des Templerordens übernahm, könnte die Sage einen wahren geschichtlichen Kern beinhalten, doch kann auch eine bloße Verwechslung mit dem Johanniterorden vorliegen, wie es auch an einzelnen Orten in Niederösterreich geschah. Auch die Burg Bernstein soll der Sage nach den Templern gehört haben. Da uns aber die mündliche Überlieferung keine feste Stütze bietet, wollen wir nach anderen direkten und indirekten Beweisen Ausschau halten.

Im Jahre 1198 heiratete der ungarische König Emmerich (1196–1204) die arragonische Prinzessin Konstanze, die Tochter des Königs Alfons II. von Arragonien, der gleichzeitig auch der Graf der Provence war, also jene Gebiete innehatte, in denen auch der Tempelorden seine ausgedehntesten Ländereien besaß und den größten Einfluss hatte. Sie entstammt dem arragonischen Königshause, welchem auch König Alfons I. angehörte, der einen Teil seines Landes den Templern vererbte. Gerade dieses Herrscherhaus war bis zum Untergang des Templerordens am engsten mit diesem verbunden, und es sind uns Nachrichten erhalten, dass das genannte Herrscherhaus dem Orden wohlwollend gegenüberstand. Man kann deshalb wohl mit großer Wahrscheinlichkeit annehmen, dass sich bei dem zahlreichen Gefolge der Königin Konstanze, welches sie nach Ungarn mitbrachte, auch Tempelherren befanden.

König Emmerich schenkte nun im Jahre 1202 der schönen Tota, welche im Gefolge der Königin Konstanze nach Ungarn gekommen war, die Dörfer Mattersburg und Bajot und legte damit den Grundstein zur Entstehung der Herrschaft Mattersburg bzw. Forchtenstein.

Später kamen dann auch ihre Brüder Simon und Bertrand nach Ungarn, welche als eigentliche Begründer des Geschlechtes der Grafen von Mattersburg anzusehen sind. Ob sie wirklich erst später ins Land gekommen sind, wie man heute annimmt, oder ob der ungarische Geschichtsschreiber Simon Kezai recht hat, welcher erzählt, sie wären im Gefolge der Königin Konstanze nach Ungarn gekommen, ist hier ohne Bedeutung.

Simon Kezai behauptet, Tota wäre die Schwester von Simon und Bertrand gewesen. Dagegen wurde aber durch die Forschung in neuerer Zeit nachgewiesen, dass die beiden keine Brüder gewesen sein können. Es lässt sich aber nicht von der Hand weisen, dass sie noch im 13. Jahrhundert durch Simon Kezai Brüder genannt werden. Die Annahme, dass sie nicht leibliche Brüder gewesen sind, sondern Ordensbrüder, Brüder des Templerordens, da sich die Templer überall als Fratres bezeichneten, könnte auch diesen wissenschaftlichen Streit klären. Wir können jedenfalls an der Tatsache, dass zwei Ritter, die nicht leibliche Brüder gewesen sein können, trotzdem Brüder genannt werden, nicht achtlos vorübergehen, sondern müssen sie als einen weiteren Beweis annehmen, dass sie vermutlich Templer gewesen sind, Brüder im templerischen Sinn.

Es braucht uns nicht wunder zu nehmen, dass die schriftlichen Quellen über den Templerbesitz in unserem Lande so sehr versagen, denn man wird auch bei uns nach dem Jahre 1311 (1312), im Konzil zu Vienne, als der Orden aufgelöst wurde, versucht haben, jede Erinnerung an die Templer auszulöschen, so dass die Quellen bei uns nur ebenso spärlich fließen wie in anderen Ländern.

◆ ◆ ◆

Heute wissen wir, dass man auch vor den steinernen Erinnerungen der Templer nicht haltmachte und jedes ihrer Zeichen zu vernichten versuchte. So lassen sich vielleicht auch die geringfügigen Unterschiede zwischen dem Wappen von Forchtenstein und dem der Tempelherren erklären, denn das Forchtensteiner Wappen hat im oberen Teil des Wappenschildes zwei Deutschherrenkreuze, während das Templerwappen zwei Sterne und ein Templerkreuz besaß. Bisher wurde keine Darstellung des Forchtensteiner Wappens vor dem tragischen Jahr 1312 aufgefunden. Ob es schon damals diese Unterschiede aufgewiesen hat, kann bezweifelt werden. Das älteste noch erhaltene Wappen befindet sich im unteren Teil des schwarzen Turmes der Burg Forchtenstein, im sogenannten Burgverlies. Es handelt sich um den Abschlussstein eines gotischen Kreuzgewölbes und zeigt eine interessante Tatsache. Während das Kreuzgewölbe selbst in tadellosem Zustand ist und auch das Wappen selbst keine Beschädigungen aufweist, ist der obere Teil des Wappenschildes, auf welchem sich die Kreuze befinden, mitsamt dem Kopf des Adlers offensichtlich gewaltsam abgeschlagen worden. Das älteste Wappen von Forchtenstein also, welches uns Aufschluss geben könnte über die so überaus wichtigen Fragen, wurde soweit zerstört, soweit es vielleicht Zeugenschaft für die Templerherrschaft auf Forchtenstein hatte. Hier befindet sich aber trotzdem einer der stärksten Beweise für diese Annahme.

In seinen Idealen verkörperte der Templerorden bis zur letzten Stunde die geistige Einheit Europas. Die Welt war zerfallen in weltliche und geistliche Macht, in Kaisertum und Papsttum, in Kirche und Staat. Beide Gewalten hielten den Anspruch auf Alleinherrschaft aufrecht, denn die ganze Welt des Mittelalters fühlte, dass es in Wahrheit keinen solchen Gegensatz geben dürfe. Im Tempelrittertum waren die beiden Idealgestalten des Mittelalters, Mönch und Ritter, Held und Heiliger zu einer organischen Einheit verbunden. Sie lebten es der Mitwelt lange Zeit vor, dass ein wahrer Heiliger immer ein Held sein muss, wie auch ein wahrer Held immer ein Heiliger ist. Die beiden scheinbar gegensätzlichen Gewalten Sacerdotium und Imperium waren im Templertum eine vollkommene Einheit.

Der Adler zu Forchtenstein. Siegel des Präzeptors und Schlussstein in der Burg. Vorbild für das burgenländische Landeswappen.

Dieses Ideal der Einheit des Abendlandes, der „Christenheit", brachten sie auch in ihren verschiedenen Siegeln und Wappen zum Ausdruck. Ende des 13. Jahrhunderts wurde ein Wappen verwendet, das auch von den Provinzialmeistern des Ordens geführt werden durfte, welches diese Vereinigung von Kirche und Staat symbolhaft zum Ausdruck bringt. Es zeigt einen Adler mit gespreizten Flügeln auf einem Felsen, darüber das Ordenskreuz mit zwei Sternen. Die Farben des Wappens waren die Templerfarben Rot-Weiß. Der Adler bedeutet dabei die weltliche Herrschaft, welche sich auf dem Felsen (Petrus!) Rom stützt, doch ist die weltliche Macht durch das Kreuz erhöht.

In den Veröffentlichungen der historischen Kommission für Pommern IV/10, „Urkunden und Regesten zur Geschichte des Templerordens im Bereich des Bistums Cammin und der Kirchenprovinz Gnesen", ist auf den Seiten 75 bis 77 eine Templerurkunde vom 21. April 1303 beschrieben, mit dem Siegel des Bruders Friedrich von Alvensleben, Präzeptor des Templerordens per Alemaniam et Slaviam. Das Siegel des Präzeptors zeigt einen Adler mit ausgebreiteten Schwingen, sich von einem Berge erhebend. Links und rechts ein Stern, neben dem Kopf des Adlers rechts ein Kreuz. Die Umschrift lautet: + S Magistri Templi in Theuthonia.

Der Schlussstein im Gewölbe des schwarzen Turmes der Burg Forchtenstein wurde vernichtet, als der Templerorden aufgehoben und vernichtet war. Man wollte sich die Erbschaft nach den Templern sichern, ohne allzu viel an die Johanniter abgeben zu müssen.

◆ ◆ ◆

Die Legende von der Bluthalle zu Lockenhaus

Sind jemals Templer in Ungarn gewesen? Darüber herrschte lange lebhafter Streit unter den Gelehrten. Seltsam genug, da in gedruckten Quellen der Bruder Pontius vom Kreuze vorkommt. Magister militiae Templi, Meister vom Tempel und zugleich königlicher Ban in Kroatien und Slawonien wurde er genannt. Die Templer spielten vielmehr offenbar eine große Rolle unter dem schwachen König Andreas dem Hierosolymitaner, dem Kreuzfahrer, der Ungarns Magna Charta gab und ständig mit seinem eigenen Sohn Bela Krieg führte.

Die damals durch Rivalen des Königs ermordete Königin Gertrud scheint die Templer für die adriatischen Küsten nicht minder begünstigt zu haben, als es die Johanniter in Kumanien und im Severiner Banate und die deutschen Ritter im siebenbürger Burzenlande wurden. Gewiss ist, dass das berühmte Priorat von Aurana templerisch war, ehe es an die Johanniter kam. Ihrer war auch die Propstei Glogonza, ein Haus in Gran, dem Sitze des Primas, Telegd an der siebenbürgischen Grenze, mehrere feste Burgen in Thuroz und in der Liptau, namentlich Blattnitz, sowie Burg und Kirche von Pöstien im Waagtale. Am gewaltigsten aber waren die Templer unstreitig in Ungarns Nebenreichen Kroatien, Dalmatien und Slawonien. Viele Fabeln und Legenden existieren auch in Ungarn über Besitzungen und Geschicke der Templer, von denen das Gegenteil urkundlich schwer nachweisbar ist. Aus den wahrscheinlichen sei hier von der bedeutendsten Legende berichtet.

Noch reicher ist dieser Fabeln Füllhorn in Österreich, Steiermark und Mähren, wo um die Burg Eichhorn, selbige die Templer vom mächtigen Hause derer von Pernstein erlistet haben sollen, blutige Treffen geschahen, wo angeblich sechs große Ordensversammlungen abgehalten wurden und noch, als Fürst Prosper von Sinzendorf die Burg besaß, das vermeintliche Kapitelhaus und mehrere einbalsamierte Leichname in roten Röcken und metallenen Särgen gefunden wurden. Und der Blitzstrahl in dem metallenen Pfauen auf dem Torturme Eichhorns, die alte Sage von den zwölf silbernen Apostelstatuen, gewaltig genug, wieder an den Tag brachte. Doch wir kehren zurück zu dem edelstolzen Volk der Magyaren, zu der Sage von der Bluthalle.

Kaum tausend Schritte außerhalb der kleinen, aber durch Jurissits löwenkühne Verteidigung wider den großen Suleyman (1532) hochberühmten Stadt Güns, öffnet sich ostwärts ein liebliches Tal, von den Ausläufern jener mäßig hohen Bergkette gebildet, die das fruchtbare Eisenburger Komitat von dem benachbarten Österreich scheiden. In tausend Schlangenwindungen drängt sich zwischen üppigen Feldern und Wiesen ein Bach hindurch, dessen harmlosem Geplätscher niemand zutrauen würde, dass er manchmal in verheerender Eile sich über das ganze Tal ausbreitend als furchtbarer Strom, unter dem Namen der bösen Güns wohl bekannt, ungeheuren Schaden anrichten könne.

Folgt man dem Lauf dieses Flüsschens, gelangt man durch mehrere reinliche Dörfer, nach einer schnell von angenehmen Eindrücken hinweggezauberten Stunde, an den Fuß eines von drei Seiten schroff abgeschnittenen Felsens, dessen Haupt eine stattliche Burg krönt. Es ist dies Lockenhaus, vormals den Grafen von Nadasdy, gegenwärtig Fürsten Esterhazy gehörig, dessen scheinbar wohl erhaltene Dächer, den Reisenden schon in der Ferne mit der süßen Wonne erfüllen, eines der wenigen, wohl erhaltenen Denkmale einer glorreichen Vorzeit betreten und in den Umgebungen, die das kräftige Geschlecht beherbergte, diesem heimischen Leben näher rücken zu können.

Diese Hoffnung wird jedoch bei näherer Ansicht vereitelt, denn außer einigen Vordergebäuden, von armen Taglöhnern kümmerlich bewohnt, ist das Übrige verödet und der mächtig einwirkenden Zerstörung der Witterung preisgegeben. Ein paar Gewölbe ziehen jedoch das Auge des Betrachtenden auf sich. Das eine, vormals das Erbbegräbnis der Grafen von Nadasdy, ist ganz von großen Quaderstücken erbaut, im runden Bogen eingewölbt, einem lange fortlaufenden breiten Gang nicht unähnlich, erhält ein spärliches Licht durch ein rundes Loch von Oben, das mit einem mächtigen Stein geschlossen sein mochte. Das andere scheint jedoch von einem höheren Alter zu sein. Tief unter den ehemaligen Herrengemächern läuft ein langer gedehnter Saal hin, der von einer Reihe kurzer Steinsäulen, die das weit hinunter sich senkende Spitzgewölbe tragen, in zwei Teile abgesondert wird. Und wie die noch vorhandenen, halb vermoderten Holzreste beweisen, mit zierlichem Schnitzwerk ausgetäfelt war. Nur durch eine große Halle gelangt man zu des Saales Eingang, der von zwei schmalen Spitzfensterchen aus dieser Halle spärlich erleuchtet wird. Ein über 50 Klafter tiefer Brunnen, mit unsäglicher Mühe in den Fels gehöhlt, öffnet seinen grausen Schlund in der rechten Ecke und der Boden dunkelrot, als wäre die Erde soeben mit Blut übergossen worden, bezeichnet auch dem, mit den Irrgängen der Burg unbekannten Wanderer die gräuliche Bluthalle. Jawohl ist dies Blut, und zwar edles, unschuldiges Blut, in schrecklicher Mitternachtsstunde, wie die Sage berichtet, von frevelhaften Händen vergossen und darum unvertilgbar, so lange ein Stein noch auf dem anderen stehen wird.

In altersgrauer Zeit war diese Burg das Eigentum des mächtigen Ordens der Ritter vom Tempel, von ihnen ist der domartige, prächtig verzierte Saal, das Kapitelhaus, den Versammlungen im Gebete oder den Beratungen über wichtige Angelegenheiten, das Wohl der Brüder betreffend, gewidmet.

In ruhiger Abgeschiedenheit und in Werken der Milde, wohl auch in Ausbildung des ersten der ritterlichen Gebote, Rettung verfolgter Unschuld und Schutz gegen ungerechte Bedrückung, fanden die Ritter hinlänglichen Ersatz für jene Freuden der Welt, denen sie mit der Annahme des roten Kreuzes entsagen mussten. Heiter und zufrieden in ihrem Gemüte, geliebt von ihren Untergebenen, geehrt von ihren Nachbarn, konnten sie von Ferne nicht ahnen, dass jenes Ungewitter, das sich im fernen Frankreich gegen ihren Orden erhob, so schreckliche Folgen nach sich ziehen dürfte. Wie ein plötzlicher Donnerschlag erschreckte sie daher die Nachricht von der Pein und Hinrichtung des Meisters und dem Vertilgungsfluch, den das Konzil von Vienne über ihren Orden ergehen ließ, so wie der argen List und der unmenschlichen Grausamkeit, mit der man durch Folterqual und Scheiterhaufen gegen Einzelne, so wie gegen die ganze Gemeinde verfuhr. Auf die Erhaltung des nunmehr schwer gefährdeten eigenen Lebens bedacht, verließ keiner die Feste mehr, die mit Mannschaft und Kriegsbedürfnissen aller Art wohl versehen, gegen Überfall und Gewalt hinlänglich gesichert war.

In tiefer Trauer und banger Ahnung des künftigen Geschickes, das unmöglich freundlich sein konnte, da des ungarischen Königs Karl Robert von Anjou Willfährigkeit gegen die Beschlüsse des die Templer zerschmetternden Papstes deshalb nicht bezweifelt werden konnte, weil er ihm vorzüglich die Erhebung auf Ungarns Thron verdankte, vergingen einige Monate. Da kündete eines Tages die Turmwache die Ankunft eines Herolds, der vom König gesandt, Einlass forderte. Als ihm die Tore geöffnet und er in die Mitte der vom Komthur versammelten Brüder getreten war, begann er also zu sprechen:

„Bekannt ist euch der Ausspruch der Kirchenversammlung von

Vienne, der Euern Orden vertilget, bekannt die Gräuel, die mehrere Eurer Brüder mit dem Flammentod gebüßt, nicht frei von denselben Beschuldigungen seid auch Ihr. Doch will der edlen Ungarn gerechter König den Unschuldigen nicht zugleich mit dem Schuldigen vernichten. Ein hohes Gericht hat er bestellt, vor dem Ihr euch rechtfertigen möget, sofern Ihr es könnt. Die Vorladung zu bringen, bin ich gesandt.“

Tiefe Stille herrschte nunmehr ringsum, als er geendet. Alle Blicke hafteten an den ehrwürdigen Zügen des greisen Komthurs, der langsam und feierlich, von dem erhöhten Sitz sich erhebend, seine Antwort dem Herold kundtat:

„Wohl ist uns der Beschluss der versammelten Väter der Kirche, wohl der Märtyrertod des erhabenen Meisters und so vieler unserer Brüder, wohl die empörende Schuld, deren man sie und nun auch uns zeihet, bekannt. In dem beruhigenden Bewußtsein unserer Unschuld, scheuen wir keines Richters Auge. Allein da man so viele der Unseren mit Hintansetzung des Rechts und ohne überführendes Urteil gemordet, fordern wir sicheres Geleit mit des Königs heiligem Worte bekräftigt, ohne das keiner die schützende Feste verlässt. Ist dies Brüder, Euer aller Meinung, so erhebt euch schnell, damit wir eilig entlassen den Herold.“

Und die Brüder erhoben sich schnell und eilig ward der Herold entlassen. Aber schon nach wenigen Tagen kehrte er zurück, überbringend den Ächtungsbrief, der sämtliche Tempelritter von Lockenhaus des Ungehorsams gegen des Königs Befehle und des stillschweigenden Geständnisses ihrer Schuld überwiesen, dem Tode anheimgefallen und für vogelfrei erklärt.

Bald folgten dem unheilvollen Brief einige Fähnlein Fußvolk, die das Bergschloss eng umsetzten. Vergebens wagten sie Sturm auf Sturm, die festen Mauern von tapferer Faust beschirmt, spotteten der Gewalt und wiesen jeden Versuch blutig und manchen rüstigen Krieger niederschmetternd zurück. Endlich gelang es dem beinahe schon entmutigten Feldhauptmann, einen elenden Verräter mit schwerem Gelde zu erkaufen, der ihm in stiller Mitternachtsstunde ein geheimes Pförtlein zu öffnen versprach.

Versammelt waren die Brüder im Kapitelhaus, vom Komthur berufen, die fernere Zukunft, denn der nächsten glaubten sie auf ihren Mut vertrauend gewiss zu sein, beratend in Erwägung zu ziehen. Bevor noch der Wache habende Bruder Servient in des Mondes zweifelhaftem Schimmer zu unterscheiden vermochte, ob Freund- oder Feindesgestalten ihm nahten, sank er vom tödlichen Geschoß getroffen mit einem einzigen Schrei zu Boden. Hinaus stürmten die

Ritter, doch schon in der Halle trafen sie den verräterischen Feind. Dort fielen sie alle, mutig, aber gegen die ungeheure Mehrzahl vergebens kämpfend, der greise Komthur als letzter.

Tief drang das Blut der unschuldig Gemordeten in den Boden und unvertilgbar sind seine Spuren, in erster Frische und Lebendigkeit noch jetzt, nach mehr als fünfhundert Jahren zu schauen. Als in späteren Zeiten einige Male die Blutflecke mit vieler Mühe dennoch verwischt wurden, erhob sich in der Nacht ein furchtbarer Sturm, der das Schloss aus seinen Grundfesten zu heben schien. Kampfgeschrei, Waffengeklirre, dann Ächzen und Röcheln durchbrauste die schreckliche Halle, seither die Bluthalle genannt. Blasse Gestalten in weiße Gewänder gehüllt, auf quellende Wunden hinzeigend, schwebten mit dräuenden Gebärden bald hinein, bald heraus, und am andern Morgen waren die Blutmale wieder vorhanden.

Des ungeheuren Schreckens, mit dem diese grässlichen Erscheinungen die Bewohner der Burg bei ähnlichem Anlass wiederholt erfüllten, wohl eingedenk, wagt es seitdem keine unheilige Hand mehr, sich an diesem grauenvollen Denkmal zu vergreifen.

◆ ◆ ◆

Die Burg Lockenhaus, in alten Zeiten auch Leka oder Leuka genannt, wurde zwischen 1200 und 1240, möglicherweise aber schon in der 2. Hälfte des 12. Jahrhunderts, auf den Resten einer alten römischen Wachstation erbaut. Urkundlich wurde die Burg erstmals im Jahre 1242 im Zusammenhang mit den Mongolenstürmen und den Ordensrittern der Templer und Johanniter, die bei diesen Kämpfen auf dem Feld blieben, erwähnt. Woher der Name dieser Burg stammt, darüber haben schon viele Menschen nachgedacht. Höchstwahrscheinlich wurde der Name vom griechischen „Leukos" hergeleitet, was Weiß bedeutet. Die Ritter mit den weißen Mänteln nannten manche ihrer Burgen so, z. B. auch Blanche Garde (weiße Wache) im Heiligen Land.

Den ältesten Teil, den noch aus dieser Zeit stammenden Kern der Wehranlage, bilden der fünfeckige Bergfried, die Ringmauer, der Kapellenturm und der Kapitelsaal mit dem Wohngebäude. Der Kapellenturm besitzt frühgotische Fenster und einen Glockensöller, der durch Säulchen mit Knospenkapitälen durchbrochen und gekrönt wird, die als Schallfenster für die Glocken dienten. In den Laibungen der Kapellenfenster sind die ältesten Fresken des Burgenlandes er-

Der obere Hof der Templerburg Lockenhaus mit dem Eingang zur sogenannten Templerbluthalle, dem Kapitelsaal der Tempelritter. Aufnahme vor der Sanierung durch Prof. Paul Anton Keller im Jahre 1968.

halten, die einen Heiligen und einen Ritter darstellen. Zur selben Zeit wurde auch der Kultraum unter dem Hof errichtet, der im Mittelalter nur über das Lichtauge im Gewölbescheitel erreichbar war. Der Bergfried, der Kapellenturm, der Kapitelsaal und der Kultraum sind allesamt aus Quadersteinen errichtet, was die Anwesenheit einer Baubruderschaft oder Bauhütte bestätigt.

Wahrscheinlich wurde die Burg vom Templerorden um das Jahr 1200 errichtet und schon im Kampf gegen die Mongolen als Fluchtburg genutzt. Im Jahre der Ordensauflösung 1312 wurde sie dann wahrscheinlich den Güssinger Grafen gegen das Bleibe- und Nutzungsrecht durch den Orden übertragen. Die Templer haben die Burg 1337 dann tatsächlich zum letzten Male gegen die Truppen des ungarischen Königs Karl Robert, aus dem Hause Anjou, verteidigt. Eine Rückdatierung der Besitzurkunden rettete die Burg für den Landesherrn, da ansonsten das Erbe der Templer, gemäß dem Willen des Papstes, den Johannitern zugefallen wäre.

Die Burg ist die einzige mittelalterliche Festung aus dem 13. Jahrhundert in Österreich, die den Eindruck einer Burg aus dieser Zeit bewahrt hat. Diese ehemalige Ordensfestung lädt geradezu zu einem baulichen Vergleich mit den Templerburgen des Heiligen Landes ein. Zur Blütezeit der Festung stand die Hochburg allein, ohne die später hinzugefügte Unterburg, auf dem Felsen oberhalb der Güns. Vorgelagert war eine gotische Vorburg, mit den Stallungen, Werkstätten und Vorratshäusern sowie den Mannschaftsunterkünften, um die Versorgung der Burg zu gewährleisten. Möglicherweise bestand ein Teil der Vorwerke aus Holz. Der Zugang zur Hochburg war von der Vorburg getrennt, nur über eine Zugbrücke zu erreichen.

Die Zugbrücke wurde vom Bergfried geschützt. Dieser wurde auf fünfeckigem Grundriss errichtet, so wie viele Türme in spanischen Templerfestungen. Der Kultraum im oberen Burghof ist in Europa einzigartig, findet aber seine Entsprechung in ähnlichen Burgen Syriens. Das Templerkreuz am Schlussstein dieses unterirdischen Raumes findet man an den Torbögen spanischer Burgen, auf den Templergrabsteinen in ganz Europa, in Templerkirchen Englands und sogar auf der Kathedrale von Chartres. Die Architektur des Kapitelsaales findet sich nicht nur in den großartigen Klöstern der Zisterzienser, sie begegnet uns auch in der Kirche von Tortosa und der Templerburg Safad.

Die äußere Ansicht der Burg Lockenhaus erinnert an die Festungen im Heiligen Land, mit ihren Türmen und Kurtinen. Die Ordensritter errichteten, nachdem ihnen Landstriche überlassen wurden, neben den ihnen übertragenen, auch eigene Festungen. Meistens an wichtigen Flussübergängen, an Gebirgspässen oder in Küstennähe, um die Hafenanlagen zu schützen. Seitdem der Ritterorden im Heiligen Land Fuß gefasst hatte, ergab sich für ihn die Notwendigkeit, zum Schutz gegen die Sarazenen Burgen zu errichten. In Lockenhaus wirkte der Orden zum Schutz vor den einfallenden Reiterhorden des Ostens und zum Schutz der Pilger- und Handelswege.

Der steirische Dichter Professor Paul Anton Keller kaufte im Jahre 1968 die Burg von der Familie Esterhazy. In einer von ihm selbst verfassten Beschreibung der Burg wird auch über den einzigartigen Kultraum berichtet:

„Wenn in der Burg Lockenhaus der Kultraum mythischen Handlungen gedient hatte, so wurde er damals vor allem schon deshalb unter Acht und Bann gestellt, weil man die Templer beschuldigte, einem wilden Götzendienst zu huldigen. Die Mitte soll der Baphomet gewesen sein, angeblich ein Götzenhaupt aus Gold. Diese Legende hat sich durch Jahrhunderte erhalten. Gruselgeschichten von grässlichen Riten wurden erfunden, in denen es um Menschenopfer ging. Gewiss hat man schon zu jener Zeit, da der Templerprozess stattfand, solche

Berichte dem Volk zugeleitet. Nun hat es den Baphomet aber wirklich gegeben, doch es war kein Götzenbild, sondern, wie Kuno Graf von Hardenberg 1932, nach über sechs Jahrhunderten, in mühevoller Dechiffrierarbeit erhellt haben will, ein magisches Quadrat auf Grundlage der Kabbala, und zwar ein frommer Text. Pauperes Commilitones Christi, arme Waffengefährten Christ nannten sich die Tempelritter. Der Sinn dieser Worte hat sich bis zum tragischen Abgesang des Ordens erfüllt. Aus dieser Geschichtssituation ergeben sich die Barrieren hinsichtlich der Besitzfrage Tempelritter – Burg Lockenhaus. Zu diesem Fragenkomplex sind auch parapsychologische Ergebnisse bekannt geworden, Erkenntnisse daraus bilden sich keine."

Der Kultraum in Lockenhaus wurde als Zweiapsidenraum errichtet. Unterhalb der südlichen Apside, in der auch das Tatzenkreuz im Schlussstein zu sehen ist, steht heute der im Keller der Burg von Frau Margarete Keller, der Gattin des Dichters, aufgefundene Tabernakelstein. Die Quader weisen keine Spuren von Bemalung auf. Denkbar ist aber in der südlichen Apside ein Fresko, etwa in der Art eines Christus Pantokrator (des Weltenherrschers). In der nördlichen Apside finden sich Ordenskreuze, ähnlich jenen in englischen Templerkirchen. Außerdem findet sich dort ein Strahlenkreuz, wie es auch auf den Schilden des Templersiegels zu sehen ist. Es gibt noch weitere interessante Thesen über den Kultraum, die allesamt mit dem großen Wissen des Templerordens in Zusammenhang stehen.

Es ist durchaus vorstellbar, dass dieser unterirdische Raum auch zum Zwecke astronomischer Bestimmung, im Sinne eines Planetariums errichtet wurde. Man könnte auch an einen Raum zur Bestimmung der Zeit denken. Immerhin ist der Kultraum exakt genordet, was mit einem Kompass leicht zu überprüfen ist.

In der Burg Lockenhaus sind viele Steinmetzzeichen durch die Renovierungen der letzten Jahre nicht mehr sichtbar. Trotzdem sind noch Zeichen, speziell am Torbogen zum Kapitelsaal, im Kapellenturm und im Kultraum abzulesen. Am schönsten ist aber das Ordenskreuz am Schlussstein in der Südapsis des Kultraums.

In der Kapelle der Burg Lockenhaus, die in ihrem Ursprung aus dem beginnenden 13. Jahrhundert stammt, haben sich in den Fensternischen zwei Freskenbilder mehr oder weniger gut erhalten. Dies sind die ältesten erhaltenen Fresken des Burgenlandes. Das besser erhaltene Fresko, im Fenster an der Ostwand, zeigt das Bildnis eines Heiligen. Das schlechter erhaltene Bild ist nur noch in den unteren Partien erhalten und zeigt die Füße eines Ritters aus dem 13. Jahrhundert mit Kettenstrümpfen, einem ursprünglich weißen

Waffenrock und Fragmente eines weißen Mantels. Direkt unter dem Altarraum liegt die Gruft der Burg, ausgestattet mit einem Kreuzrippengewölbe und schön gestalteten Kapitälen als Gewölbedienste. Diese Gruft war die Grablege aller Burgherren, ehe durch Franz Nadasdy im 17. Jahrhundert die Kirche samt neuer Gruft im Ort errichtet wurde. In der Nordwand befindet sich der Zugang zu einer engen Wendeltreppe, die auf halber Höhe auf den Wehrgang und weiter in die Turmstube führt.

Der Heilige ist im byzantinischen Stil abgebildet. Die Figur trägt über dem Gewand ein Pallium, in der linken Hand das Evangelium und hat die Rechte segnend erhoben. Es handelt sich bei der Darstellung entweder um einen Papst, einen Erzbischof oder einen Patriarchen. Oberflächlich betrachtet zeigt das Bildnis den Heiligen Nikolaos, Bischof von Myra im 4. Jahrhundert, dem auch die Kapelle geweiht ist. Sein Leben wird von einem Kranz volkstümlicher Legenden beschrieben, die ihn zu einem der beliebtesten Heiligen der Ost- und der Westkirche aufsteigen ließen. In der zweiten Fensternische der gotischen Kapelle befindet sich das ziemlich ramponierte Bildnis eines Ritters. Beide Fresken wurden durch Fachleute in dieselbe Zeit datiert. Auch der blaue Hintergrund und der rote Rahmen, der beide Bilder umgibt, zeigen, dass beide Darstellungen zur selben Zeit oder kurz hintereinander entstanden sind. Was das Bildnis heute noch zeigt, sind die gepanzerten Beine eines Ritters, Teile eines Waffenrocks und eines Mantels in Form eines Umhanges, beides in weißer Farbe. Weiters ist auch der untere Teil eines Holzstabes erkennbar.

Warum aber hat sich das Bildnis des Heiligen relativ gut, das des Ritters aber fast überhaupt nicht erhalten? Beide Bilder waren während des ruinösen Zustandes der Burg gleichermaßen allen Unbilden des Wetters und der Natur ausgesetzt. Die Antwort liegt in der Erstürmung der Burg im Jahre 1337 und der darauf folgenden systematischen Zerstörung alles dessen, was an die legitimen Besitzer der Burg, den verhassten Templerorden erinnerte. Es wurden bei dieser gezielten Zerstörungsaktion lediglich die oberen Partien des Freskos beschädigt, nämlich jene Stellen, wo an der Brust des weißen Waffenrockes und an der linken Schulter des Mantels das rote Tatzenkreuz der Templer sichtbar war. Der Unterteil des Stabes, der noch sichtbar ist, erweist sich bei näherer Betrachtung als Schaft für das Würdenzeichen des Großmeisters.

Die eingehende Untersuchung der Burg belegt also recht schlüssig die Anwesenheit der Ordensritter in Lockenhaus. Die alte Sage, die über Jahrhunderte im Volk weitergegeben wurde, tradiert das Wirken der einst so mächtigen Tempelritter auf dieser Festung.

◆ ◆ ◆

Anmerkung: Eine ausführlichere Darstellung der Burg Lockenhaus und des Templerordens auf Basis geschichtlicher Quellen wurde vom Autor in den Büchern „Auf den Spuren der Templer in Österreich", Verlag Weishaupt 2001, und „Die Macht des Templerordens", Verlag Weishaupt 2003, veröffentlicht. In diesen Büchern finden sich darüber hinaus Hinweise auf weiterführende Literatur zu diesem Thema.

Die Templer von Kereszteny

Vor vielen hundert Jahren, als in Westungarn noch riesige Urwälder standen, waren in der Gegend von Kereszteny bereits die Kirchenritter, also die Templer, angesiedelt. Sie besaßen dort ein festes Haus und Land, dass von ihren Leuten bewirtschaftet wurde. Die Ritter waren weit über das Land im Volke bekannt und beliebt. Unter ihrem Schutz gab es ein friedliches Leben.

Eines Tages wurde dem Meister des Hauses die Botschaft überbracht, dass die beiden Könige Ludwig von Frankreich und Konrad der Deutsche einen neuen Kreuzzug ins Heilige Land vorbereiteten. Nun war es aber die besondere Aufgabe der Tempelritter, die christlichen Pilger zu schützen. Nicht nur im Heiligen Land selbst, sondern auf allen Wegen. Der Meister berief nun seine Leute zu sich, damit sich einige auf den Weg machen sollten, um den besten Weg für das Heer auszukundschaften.

Unter all seinen Leuten meldete sich nun ein junger Ritter, der sich noch keine Verdienste um den Orden geschaffen hatte, für die nicht ungefährliche Aufgabe. Der Meister, lange im Zweifel, ob er ihn mit dieser Prüfung beauftragen solle, war nicht leicht bereit, dem zuzustimmen. Schließlich ließ er den jungen Ritter aber doch ziehen, gab ihm noch drei seiner besten Diener mit und mahnte ihn zur Vorsicht. Als sich der junge Ordensbruder am nächsten Tag frühmorgens mit dem Notwendigsten versorgt hatte, rief er die Diener, bestieg sein Pferd und machte sich gutgelaunt auf den Weg.

So waren sie den ganzen Vormittag in der freundlichen Sonne entlang des Flusses Güns gegen Westen geritten. Als sie allmählich, die Waldgrenze erreichten, zeigten sich am Horizont erste drohende Gewitterwolken. Einer der Diener, der schon länger in dieser Gegend war und auch das Wetter hier kannte, riet zur Vorsicht. Er wusste, dass hier der Regen sehr schnell kommen konnte, und so teilte er dies seinem Ritter mit. Im Wald würden sie sich bei Finsternis und Unwetter auch verirren, aber der junge Templer wollte seinen Rat nicht hören. Man würde noch ein Stück in den Wald reiten und dann umkehren, so dass man zur Vesper wieder im Ordenshause eintreffen würde.

So ritten sie also im bereits einsetzenden Regen in den Wald, immer am Fluss entlang, um den Weg nicht zu verlieren. Abermals ver-

Vor vielen hundert Jahren, als in Westungarn noch mächtige Urwälder standen ...

gaßen sie die Zeit, und unbemerkt durch die Gewitterwolken hatte sich der Abend auf den Wald herniedergesenkt. Der Regen fiel in Strömen und der Sturm peitschte die Kälte durch ihre Kleidung, als ihre Pferde plötzlich vor einem Hindernis scheuten. Der starke Wind hatte hier den Fluss mit dicken Baumstämmen verlegt. Nun waren sie gezwungen, den Weg zu ihrer Rechten, den ansteigenden Wald zu durchreiten. Als sie schon ganz verzweifelt waren, da an eine rechtzeitige Heimkehr nicht mehr zu denken war, kamen sie zu einem uralten, schon ganz verfallenen Turm. In einem Schutze wurde das Nachtlager notdürftig gerichtet. Nachdem das Abendmahl gemeinsam eingenommen wurde, schliefen sie erschöpft ein. Der junge Ritter aber schlief nur schwer und mit vielen Sorgen ein, denn er war ja für das Wohl und Wehe der Gruppe verantwortlich. Durch seine Leichtfertigkeit würden sie den Weg nach Hause vielleicht nie mehr finden.

Später, es war ihm, als habe er noch überhaupt nicht geruht, wurde er auf ein helles Licht aufmerksam. Als er seine Furcht überwunden hatte und zu dem Licht schaute, glaubte er seinen Herrn, den Erlöser zu erkennen. Der aber sprach zu ihm, er solle sich nicht fürchten. Wohl wisse er, warum sie hier seien. Abermals sprach der Heiland, er solle sich nicht fürchten und guter Dinge sein, denn am nächsten Tage wolle er ihnen den Weg aus dem Wald weisen. So schlief der junge Ritter wieder ein und wurde erst am nächsten Morgen durch die Sonne geweckt, die durch den dichten Wald schien.

Nun erkannte er, dass sie in der Nacht bis auf die Kuppe eines Berges gelangt waren, auf der ein alter Wachtturm stand. Und wenn er nur wenige Schritte weiterging, so konnte er auf der einen Seite über den Wald bis tief ins ungarische Reich blicken, auf der anderen Seite aber breiteten sich die Länder des österreichischen Herzogs vor ihm aus. Er war noch ganz in Gedanken versunken, auf welch wichtigem Platze er hier stand, als sich vor ihm ein weißer Rabe niederließ, der keinerlei Scheu vor ihm zeigte. Da erkannte er den Boten des Herrn, der ihnen den Weg aus dem Wald zeigen würde. Frohen Mutes rüsteten sie sich zum bevorstehenden Ritt, und als sie aufbrachen, flog der weiße Rabe immer vor ihnen her. So kamen sie unbeschadet wieder aus den Urwäldern, und als bereits das Ordenshaus zu sehen war, da zog der Rabe nochmals mehrere Kreise über ihren Häuptern und flog davon.

Voller Dank verrichtete er zuerst in der Kirche seine Gebete und beeilte sich dann, seinem Meister von der wundersamen Rettung zu berichten. Der tadelte ihn nur milde wegen seines Leichtsinnes.

Eingedenk aber der Erscheinung des Herrn an dieser Stelle im Wald, ließ der Orden dort ein steinernes Kreuz errichten; später entstand dort die für die Ritter so wichtige Ordensfestung Leuka.

◆ ◆ ◆

Die Sage berichtet von der Ansiedlung der Templer in Lockenhaus und Kereszteny. Die Existenz des Templerordens in Ungarn steht historisch außer Zweifel, ebenso sein Untergang auf Betreiben des ungarischen Königs Karl-Robert aus dem Hause Anjou und dem päpstlichen Legaten in Ungarn.

Bereits im Jahre 1147, als das Heer des zweiten Kreuzzuges unter der Leitung des französischen Königs Ludwig des Frommen und der Templer unter Robert von Craon auf dem Landweg in das Heilige Land zog, kamen mit ihm auch Ordensangehörige nach Ungarn, die zur Sicherung des Landweges nach Jerusalem auch in Ungarn Besitzungen erwarben und diese bewirtschafteten. Bald nach dem Durchzug des französischen Kreuzheeres fasste der Templerorden in Ungarn festen Fuß, ebenso in den zur ungarischen Krone zählenden Provinzen Kroatien, Slawonien und Dalmatien. Viele Privilegien und Schenkungen erlangte der Orden durch die Arpadenkönige. Besonders eng war ihr Verhältnis zu Bela III., Emmerich, Andreas II., Bela IV., dem der Orden auch in der Schlacht von Mohi gegen die Mongolen zur Seite gestanden war, und Ladislaus V. Am Ende des 13. Jahrhunderts zählte der Templerorden auch in Ungarn schon zu den angesehensten und reichsten Besitzern und wetteiferte mit allen weltlichen und kirchlichen großen Orden.

Das nach dem hl. Gregorius benannte Kloster zu Vrana, zwischen Zara und Sebenico gelegen, gehörte seit 1169 den Templern. Nach der Aufhebung des Ordens 1312 residierte dort der Provinzmeister der Johanniter. Die Johanniter blieben bis in die Neuzeit im Besitze dieses damals auch strategisch wichtigen Platzes. Die größte Besitzung der Templer in Ungarn lag aber an der Unna im Komitate Dubica. Dieses Gut hatte König Bela IV. den Templern für ihre Waffenhilfe bei der Schlacht auf der Haide bei Mohi 1241 verliehen. Auch in der Gegend der Flüsse Kulpa und Glina war ein Templergut im Komitat Gora.

Das Ordenshaus der Templer in Szentmarton (St. Martin) oder S. Martinus ad Zeline gehörte zur Festung Agram und wurde dem Orden der Templer von König Andreas II., dem Kreuzfahrer, 1209 geschenkt. Eine andere Besitzung gleichen Namens lag im Komitat Veroce. Es gehörte dann nachweislich von 1313 bis 1358 den Johannitern. Ebenso gibt es urkundliche Aufzeichnungen über das Templergut Belavar. Außerdem hatten die Templer auch in Zdelja im Komitat Körös sowie in Novaki (Noac) und Nasica im Komitat Veröce Besitzungen.

Die Templer hatten aber auch Besitzungen in Csurgo im Komitat Somogy, in Kereszteny, Bö und Lutzmannsburg im Komitat Ödenburg, das in dieser Legende erwähnt wird, in Kony im Komitat Raab, in Gran ein Ordenshaus und den Sitz des Kapitels von Ungarn und in Szölös im Komitat Raab ein weiteres Gut.

Wegen der Nähe zur Templerburg Lockenhaus und zur Zisterzienserabtei Klostermarienberg sind besonders die Besitzungen des Konvents der Templer in Kereszteny und Bö an der Rabnitz interessant. Sie sind nur etwa 30 km von der Burg entfernt. Also etwa ein Tagesmarsch und zu Pferd noch schneller zu erreichen. Diese Häuser gehörten auch zum Verwaltungsbezirk der Komthurei, die ihren Sitz auf der Burg hatte.

Gustav Thirring schreibt 1912 in seinem Führer durch Sopron und die ungarischen Alpen: *„Südöstlich von Horpacs, im Dorfe Kereszteny, wohnten einst die Kirchenritter (Templarier). Die Ortschaft ging nach Auflösung des Ordens in den Besitz der Johanniter von Sopron (Ödenburg) über. 1264 kommt die Ortschaft schon unter dem Namen Kereszteny (Villa Cruciferorum) vor.“*

Auch die Herrschaft Bö erwarben die Templer in der Zeit König Andreas II. Es handelte sich um eine testamentarische Schenkung des mit dem Geschlechte Osl verschwägerten Edelmannes Nikolaus, Sohn des Zothmar. Dieser starb zwischen 1237 und 1239, sodass erst König Bela IV. sein Testament rechtskräftig machen konnte, indem er die Güter Behu (Bö), Louch (Locs), Darnona (Damonya), Salaysa und alles Dazugehörige an den Heermeister der Templer Rembald de Charumb endgültig übertrug. Zu dieser Zeit war Pontio della Croce (Pontius de Cruce), der Großpräzeptor der ungarischen Ordensprovinz, mit der Verwaltung von Kroatien und Dalmatien beauftragt.

◆◆◆

Der Mädchenbrunnen an der Templerkirche zu Pösteny

Unferne der, der Volkssage nach schon den Römern bekannten Heilquellen zu Pösteny zeigen sich die Trümmer einer alten Kirche, ehedem den Brüdern des Tempels gehörend, Zeuge der wundersamen Steinbilder, die aus den schattigen Trümmern wie die letzten Laute untergegangener Weisheit den einsamen Wandersmann anstarren. Nahe der Kirche quillt eine klare Quelle aus der Tiefe, an der schon ehemals die Ritter mit dem roten Kreuz die kampfesmüden Sinne labten und den sie noch jetzt als hehre Riesenschatten in schauerlicher Mitternacht umkreisen. Klagend um ihren stolzen Orden, gleich dem gewaltigen Fels des Gebirges durch argen Frevel gestürzt.

Doch nicht bloß die grausigen Erscheinungen der Geisterwelt umkreisen diese Quelle. Seinem Rande entschweben auch süße Orakel für liebende Herzen. Alljährlich in der Nacht, welche dem Festtage des heiligen apostolischen Königs Stephan vorangeht, der hier mit eigener Hand den Grundstein zur Kirche gelegt und dessen Geist noch liebend seine Schöpfung umschwebt, wandern die Jungfrauen im heiratsfähigen Alter um die Mitternachtsstunde hinaus, um an diesem Brunnen ihre Krüge zu füllen. In eifrigem Gebet knien sie dann auf der Kirchenschwelle hin. Denn es geht die alte Sage, dass sich frommen Gemütern, die so den Heiligen ehren, am nächsten Morgen der für ihr Leben bestimmte Gefährte auf dem Kirchgang begegnet, und zwar in Gestalt des ersten unverheirateten Mannes. Seit alter Zeit gehen die Jungfrauen dorthin, um aus der heiligen Flut Gewissheit für ihres Herzens heimlichstes Hoffen zu holen. So verkündet die alte Sage den Ursprung dieses alten Brauchs.

Gleich einer Rose erblühte Voritza, die Tochter Volkos. Doch gleich der Königin der Blumen, umstarrten auch sie raue Dornen. Gern hätten diese Dornen die milde Hand inniger Liebe mit neidischem Stachel vertrieben, wenn es für die Liebe einen gäbe. Reiches Besitztum gab Volko ein großes Ansehen in der Landschaft umher, doch hart wie das Metall in seinen Kisten, stieß er mit rauer Sitte jegliche herzliche Annäherung zurück. Weniger mit bestimmter und drückender Härte, als aus mangelnder väterlicher Liebe quälte er sein duldendes

Kind, das ihm nicht mehr war als jedes andere lebende Wesen. Sein Herz schlug nur für toten Glanz. Doch auch diesen Wermut sollte Voritza leeren. Sie war der besonderen Obhut der Schwester ihres Vaters übergeben, deren Schönheit und Jugend längst verdorrt war. Gleicht der Flechten auf harten Felsen, hatte sie ihr Leben nie zur Blüte gebracht. Wurzellos haftete sie auf dem Stein, und niemals hatte sie erfahren wie süß es sei, mit allen Herzwurzeln den Boden zu durchranken, dass er eins mit der Pflanze und jegliche Trennung ihr auch Tod wird.

Gleich dem feuerspeienden Drachen, der zu seiner Pein ihm nutzlose Schätze hütet, durchschlich sie die Gänge der Burg, mit neidischem Blick das arme Mädchen verfolgend. Giftigen Mehltau nannte sie die Liebe, denn sie kannte nicht den heiligen Tau, welcher der schweren Erde entstiegen an des Mondes reinem Strahl sich läutert und dann allnächtlich, wenn das wilde Getümmel schweigt und nur die Nachtigall schwermütige Liebesklagen durch die Zweige flötet, dass sie dann dem großen Weltauge mit überirdischer Zauberschönheit entgegenstrahlen. Zu magdlichem Dienst trieb sie mit rauem Scheltwort und geheimer Schadenfreude die unglückselige Voritza, vernichten wollte sie die schöne Knospe, die ein Meer von Lieblichkeit in sich schloss, von der ihr Sinn nie auch nur einen Tropfen hatte ahnen können. Aber es sollte ihr nicht gelingen, und ihr Bemühen zog über Voritzas blendende Schönheit nur den milden Schleier schmerzlicher Sehnsucht, die zum Himmel emporschaut und mit einer funkelnden Träne, die dem tiefsten Herzen heimlich entquoll, die gefesselten Gemüter unfehlbarer und mächtiger nach sich zieht, als es das glänzende Banner des fröhlichen Lebens vermag.

Tief in die Blätter der schüchtern sich öffnenden Knospe war ein Tropfen jenes milden Liebestaus gesunken, und mochte auch von außen der giftige Wind der Wüste stürmen, im innersten Herzen der Blume thronte die heilige Kühle, thronte der Tautropfen vom Himmel, der stets mit neuem tiefem Leben die schmachtenden Blätter durchzog.

Imre war es, der in Voritzas Seele die schlafenden Gefühle weckte. Herrlich hob er sich empor, gleich den schlanken Tannen des Gebirges. Unter der Lockenpracht blitzte das schwarze Auge als sollte sein Strahl vernichten, sah er aber die, die er zur Herrin seines Herzens erkoren, glänzte es mild wie der sinkende Abendstern. Sonst hatte Voritza nur die Dornen und Klippen des Lebens gekannt, nirgends hatte für sie in rauen Klüften ein Blümlein geblüht. Und doch

Der Mädchenbrunnen an den Ruinen der Templerkirche zu Pösteny.

wälzte es jedes Mal von ihrem Busen eine schwere Last, wenn des Vaters Wort einen Freier verscheuchte. Doch seitdem der Strahl aus Imres Auge in ihr Herz hineingeleuchtet hatte war es, als hätten die rauen Klippen Leben bekommen, tausend Blumen waren in ihr aufgegangen und umwoben die scharfen Felsen mit einem duftenden Teppich, die so oft ihr weiches Gemüt verwundet hatten. Über der Musik, die ihr Herz wie Flötentöne in der Mondnacht durchtönte, überhörte sie das feindliche Schelten der widerwärtigen Mächte in der Außenwelt, das nun nur noch an die Schale ihres Heiligtums anbranden, doch nimmer mehr in seinen Kern eindringen konnte.

Doch goss ihr des Schicksals Eisenhand mit vollen Zügen in die Honigtropfen des Leidens bitteren Wermut. Nur heimlich durfte ihre Liebe blühen, dass der Neid sie nicht zerknicke, und eigenen stillen Reiz gab das Geheimnis, das an innerem Leben überreich, sich schamhaft dem Auge der Welt verbarg. Sie liebte hoffnungslos, denn Imre, aus edlem Geschlecht entsprossen, besaß nichts als sein liebreiches Herz, das rein wie Gold, unendlich das tote Metall überwog. Der alte hatte geschworen, nur dem sein Kind zu geben, der seinen Mammon ihm zu verdoppeln vermöge. Trüb und blütenlos, eine graue Nebelwüste, lag also das Leben vor ihr. Kaum erhellt durch die Augenblicke, wenn sie am engen Fensterlein den Geliebten kommen sah, der mit Lebensgefahr die Mauer erkletterte, um durch das neidische Gitter die zarten Hände zu fassen und holdes Liebesgeflüster zu tauschen.

Einst hatten sie in süßen Klagen und Tränen die Stunde überhört, die gebieterisch an den Abschied mahnte. Plötzlich wurden sie von der Alten überrascht, die schon lange jeglichen Winkel mit spähendem Argwohn durchwandert hatte. Mit einem gellenden Schrei weckte sie die Liebenden aus ihrer süßen Betäubung. Erschrocken flehte Voritza ihren Geliebten an zu fliehen. Als er, nur auf sie bedacht, damit zögerte, enteilte sie selbst dem unglücklichen Ort der ihres Glückes Grab geworden war, verfolgt vom Zorne der Alten, den nicht einmal Voritzas demütige Hingebung entwaffnen konnte. In stillen Tränen durchweinte sie die Nacht, als schon längst des Schlafes bändigende Kraft die Wut der Verfolgerin zum Schweigen gebracht hatte. Am Morgen wankte die bleiche Voritza die öden Gänge, die für sie zum Gruftgewölbe geworden waren, als ihr Vater von Neuem begann, ihr Herz mit bösen Worten zu zerfleischen. Zuletzt rief er Imre und gebot dem unglücklichen Jüngling unter drohenden Flüchen, der Burg zu entfliehen. Flehend fasste Voritza ihres Vaters Hand, der aber stieß die Jammernde von sich und wiederholte sein Gebot. Da nahte sich ihr Imre zum Abschied noch einmal, und sich niederbeugend flüsterte er leise und schnell: *„Um Mitternacht beim Tempelbrunnen"*. Heimlich gab ihm das Mädchen zum Zeichen ihres Einverständnisses die Hand und begleitet von ihren Tränen zog er zur Burg hinaus.

Reges Leben bewegte sich in der Burg, denn es war der Vorabend des heiligen Stephansfestes, und die Flut der Beschäftigungen, die bei dieser Gelegenheit auf Voritza lastete, machte, dass ihr Schmerz mehr in ihr Inneres zurückgedrängt, den forschenden Augen der Bosheit entging. Allmählich sank die Nacht hernieder, und oft wollte sie ein Schauer überschleichen, denn es pflegten oft bei unheimlicher Mitternacht die Brüder des geopferten Templerordens um den ehemaligen Sitz ihrer Herrlichkeit klagend zu wandeln, und manche schauerliche Mär erzählte die Sage von diesem Ort. Endlich verkündete der Wächter die elfte Stunde. Da vergaß Voritza ihre Schauer. Leise erhob sich das Hoffen in ihrem Herzen. Mutig ergriff sie einen Krug, wie um ein Versäumnis des Tages zu verbessern und eilte, da alles um sie in tiefem Schlafe lag, unangefochten zur Burg hinaus und dem Brunnen zu.

Schon harrte ihrer der Geliebte am Brunnen, wo sie auf ewig von ihrem Glücke scheiden sollten. Tränen erstickten ihr letztes Lebewohl. Und doch, dass sie es sich sagen konnten, war wieder den verwundeten Herzen ein Balsam. Da war die Stunde des Scheidens herangekommen und mit gebrochenem Herzen rissen sie sich voneinander los. Auf dem Rückweg hatte Voritza aus dem Tempelbrunnen geschöpft und lehnte sich traurig an den Rand der Quelle, ihre Tränen mit der kristallenen Flut vermischend. Plötzlich ward sie von einem milden Lichte umflossen. Erschrocken blickte sie auf und sah in himmlischem Glanze die Gestalt des heiligen Königs vor sich stehen. Mit mildem Ernst blickte er auf das unglückliche Mädchen, das vor ihm in die Knie gesunken war. *„Fasse Mut“*, begann der Heilige. *„Auf ihn vertraue, dem die Herzen weiches Wachs sind. Also ist sein Ratschluss: Der erste Mann, den deine Augen morgen auf dem Weg zur Kirche sehen, den hat dir sein ewiger Wille zum Gefährten deines Lebens bestimmt. Murre nicht, sondern füge dich in kindlichem Sinne dem, der alles zum Besten führt.“*

Erstarrt war Voritza niedergesunken, halb bewusstlos kehrte sie heim. Ein fürchterlicher Kampf wogte in ihrem Herzen, das umsonst den Todesstoß erwartete oder Erlösung. Endlich ward sie von der Flut der Gedanken und Gefühle übermannt, und ein tiefer Schlummer löste die Last von ihrem gepressten Herzen. Wunderbar ward sie gestärkt. Als sie am nächsten Morgen erwachte, hatte sie Ergebung und Vertrauen gefunden, ja zuweilen schien ihr süße Hoffnung den Pfad zu vergolden, den sie zwischen ihrem Vater und der Alten wandelte. Da sah sie plötzlich am Wege ihren geliebte Imre, er konnte die Gegend, wo sein Leben blühte, nicht verlassen, bevor er sie nicht noch einmal gesehen. Kaum konnte Voritza das Gefühl ausbrechender Flamme etwas dämpfen, aber im Vorübergehen sprach sie laut und freudig dem Geliebten Mut und Zuversicht ein. Schon zog des Zornes Ungewitter sich über ihr Haupt zusammen, aber schon war sie in die Kirche geeilt. Ihr freudenvolles Herz im innigen Dank auszugießen vor dem gütigen Lenker ihres Schicksals, der in ihres Leidens Nacht solch einen hellen Hoffnungsstrahl gesandt hatte. Es begab sich auch, dass binnen Jahresfrist die Alte starb und Voritzas Vater durch schwere Krankheit an den Rand des Grabes gebracht, durch harte Schläge des Unglücks mürbe und weich geworden war. Endlich willigte er ein, seiner Tochter höchsten Wunsch zu erfüllen, den er auch, seit er von der Erscheinung hörte, für den Willen des Himmels erachtete. Und sie reichte dem Geliebten an eben jenem

Orte die Hand, wo ihr zuerst der Hoffnungsstern, von so viel dunklen Wolken umtürmt, aufgegangen war.

Seit jenen Tagen ward es Sitte unter den mannbaren Mädchen des Ortes, am Vorabend des heiligen Stephan, am Tempelbrunnen Wasser zu schöpfen und seinen Schutz mit innigem Gebet zu erflehen. Auf dass des anderen Tages die fürs ganze Leben entscheidende Begegnung günstig ausfalle, den geheimen Wünschen der Betenden gemäß.

◆ ◆ ◆

Der uralte ungarische Ort Pösteny liegt heute in der Slowakei und ist seit undenklichen Zeiten von Menschen bewohnt. Erste Besiedlungen fanden bereits in der älteren Steinzeit statt. Aus dieser Zeit wurde eine weibliche Figur, geschnitzt aus einem Stoßzahn eines Mammuts, gefunden. Im 3. Jahrhundert siedelten hier Germanen, dann Römer, die bereits die Heilkraft des Wassers in dieser Gegend kannten.

Erstmals urkundlich erwähnt wird der Ort im Jahre 1113 unter dem Namen Pescan (ung. Pösteny), in einer Urkunde des ungarischen Königs. In den Jahren zwischen 1301 und 1321 wurde Pösteny Bestandteil der Herrschaft des Matheus Chak Trencian, des Herrn von Vah und der Tatra. Nach seinem Tod wurde sein Besitz durch König Karl Robert von Anjou eingezogen, darunter auch das alte Templerkloster. Erst auf mehrmalige Urgenz durch Papst Johannes XXII. wurde der alte Templerbesitz den Johannitern übergeben. Immerhin war ja den Johannitern der gesamte Templerbesitz in den europäischen Ländern auf dem Konzil zu Vienne 1312 zugesprochen worden.

Der älteste Mauerbau in Pösteny, aufgeführt aus Quadermauerwerk, ist das ehemalige Templerkloster. Die Ruinen, auch „Altes Kloster" genannt, stammen von einem gotischen Kirchenbau mit zugehörigem Wirtschaftshof. Der Templerhof von Pösteny gehörte bis zur Aufhebung des Ordens zum Kapitel von Gran. Spuren haben aber weder die Templer noch die Johanniter hinterlassen.

In neuerer Zeit wurden die Ruinen und auch Gräber im Kloster untersucht. Gefunden wurden lediglich kleinere Grabbeigaben, wobei aber nicht bekannt ist, ob es sich hierbei um religiöse Schmuckstücke handelt.

Die Legende berichtet von den spirituellen Wohltaten des Wassers aus dem Templerbrunnen. Bereits die Römer kannten aber die heilende Wirkung der Quellen von Pösteny. Erste schriftliche Nachrichten über einen echten Kurbetrieb finden sich in den Privatkorrespondenzen der ungarischen Adeligen des 15. Jahrhunderts.

◆ ◆ ◆

Des Tempels Fall

Die Höhen der Alpen verwittern im Laufe der Zeit. Zahllose Herden von Tieren weiden dort, wo vorher der Meeresgrund war und wo Generationen in leidenschaftlicher Bewegung durcheinandertobten, wogt jetzt der Fluten kaltes, salziges Nass. Berge sind eingestürzt, stolze Städte versunken. Was darf sich ewig nennen, aus den Werken menschlicher Hand?

Auch der einst mächtige Tempelorden ist untergegangen. In seinem Beginn ein Kranz von Helden, hehr und herrlich wie die Helden Griechenlands und Roms und in Gehorsam, Tugend und Entsagung unstreitig noch größer als jene.

Die Entartung einzelner seiner Mitglieder zu Beginn des 14. Jahrhunderts, seine den Königen trotzende Macht, vor allem aber seine unermesslichen Schätze haben den Orden gestürzt. Frankreichs König Philipp der Schöne, besser wäre wohl der Freche, der dem Papst Bonifaz VIII. durch seine Kanzler Wilhelm von Nogaret und Sciarra Colonna durch Ohrfeigen und Fußstöße und durch öffentliche Verbrennung seiner Schreiben antwortete, durch des Ordens Großmut in einer Hungersnot beschämt und zu unversöhnlicher Rache aufgestachelt, setzte nach dem Tode Bonifaz' einen Papst nach seinem Belieben auf den heiligen Stuhl. Er zwang denselben nach Frankreich, was Anlass für die große Kirchenspaltung war, und begann bald jenen habsüchtigen, durch Übereilungen und Gewalttaten jeder Art bezeichneten Prozess wider den Orden, der sich vielleicht in vielen einzelnen Mitgliedern befleckt, im Ganzen sich bereits überlebt hatte. Jaques de Molay, der edle Großmeister, und viele Ritter starben in den Flammen, Philipp, von seinen Opfern wegen seiner Verbrechen vor den ewigen Richter berufen, starb wenige Monate darauf. Das Kainsmal seiner Tat steht in der Geschichte als ewiges Zeichen.

Die Deutschen nahmen die Sache, wie immer, ernsthafter, ruhiger, billiger. Auf der Mainzer Synode erschien der Provinzmeister der Templer, Wildgraf Hugo, mit seinen Brüdern und verließ sie wieder, Hand und rotes Kreuz unversehrt von den glühenden Kohlen, die er zur Feuerprobe der Unschuld darauf gelegt hatte. Sie blieben unangefochten auf ihren Burgen, bis sie auf natürliche Weise starben. Mit Blut hat nur Frankreichs König seinen Raub befleckt. Venedig, Kastilien, Portugal und Aragon schenkten des Tempels eingezogene

Gefangener Tempelritter im Kerker der Inquisition.

Güter an arme Klöster, an die Orden vom Spital St. Johannes in Jerusalem, an den Christusorden und an den Orden von Calatrava. Aber die Raubgier Einzelner hat in diesen finsteren Tagen ihre Beute nicht verfehlt.

Innerhalb der Mauern des altersgrauen Eggenburg stand eine feste Burg der Brüder des roten Kreuzes. Ihrer zehn übten hier Andacht und Waffengebrauch. Plötzlich beunruhigten diese Einsamkeit dumpfe Gerüchte von einer Verschwörung der Krone und des Klerus wider den Tempel und wider dessen Hüter. Die zehn Brüder hofften, dass über ihren Häuptern hängende Gewitter werde die Lüfte reinigen, aber ihr friedliches Haus mildtätig verschonen. Da traf ihr vom Schlummer der Sicherheit trunkenes Ohr jener furchtbare Donnerschlag des Kirchenrates von Vienne. Sie beschlossen zu ihren Brüdern zu reiten, in das Kamptal bei Gars, um dort auf Burg Kampeck Rat zu halten in der Not. Nur einer von den zehn Rittern blieb zurück, zur Bewachung der Burg.

Wohl erreichten die Brüder des roten Kreuzes von Eggenburg das nahe Templerschloss des Kamptales, aber was sie dort beratschlagt und beschlossen haben, ruht mit ihnen im kühlen Erdenschoß.

Schon ritten sie, durch den gemeinsamen Ratschluss ermutigt, der Heimat zu, als sie staunend das Stadttor verschlossen fanden. Sie dachten an ein Missverständnis, sie ahnten vielleicht auch einen unbekannten neuen Feind, nur nicht so nahes Verderben. Kaum aber hatten sie den Turmwächter angerufen, des Tores schwere Flügel aufrasseln zu lassen, als aus dem Seitenwege eine zahlreiche Rotte von Soldaten mit Spießen und Stangen, mit Keulen und Morgensternen auf die kaum bewehrten neun Helden unversehens und meuchlerisch einbrach. Sie widerstanden als Männer und als Ritter. Jeder fiel auf einen Hügel erschlagener, die er in den Tod vorausgesandt, ihm dienst- und leibeigen zu sein in der anderen Welt. Erst als der letzte den letzten Atem verröchelt, schwieg das Waffengetümmel und erst jetzt ruhte der ungleiche Kampf. Nun öffneten die Bürger den verräterischen Siegern die Tore, zogen mit ihnen vor das Templerschloss und forderten es auf zur Übergabe, der gemordeten Templer blutige Mäntel emporhaltend.

Den Knechten der Templer sank der Mut. Sie erkannten die Meuterei. Die Bürger versprachen ihnen Leben, Freiheit und Gold, wenn sie ihnen die Burg auslieferten, samt dem Tempelritter, welcher sie hüte. Da ließen sie die Zugbrücke nieder. Die Bürger strömten hinein und spähten in jedem Winkel nach dem gefürchteten Ritter. Aber ein heimlicher Gang, der ihn aufgenommen und ins Freie geführt, ersparte ein neues Verbrechen. Er entkam zu seinen Brüdern nach Ungarn. Die Stätte, wo die Templer in jenem meuchlerischen Überfall umgekommen, ist jetzt durch eine Bildsäule St. Johannes bezeichnet.

Noch schlimmer ward es den Templern zu Kampeck bei Gars, wo die Brüder von Eggenburg Rat geholt. Schwarzer Undank und Verrat bahnte den feigen Raubmördern den Weg ins Innerste der Burg. Alle Templer, bis auf einen Einzigen, wurden in den Armen des ersten Schlummers erdolcht, ohne Gegenwehr, ohne Laut. Jener Einzige, schnell erweckt, hüllte sich in seine Kleidung, schlich hinaus, an den wohlbekannten dunklen Wänden forttappend, bis in den Stall und auf dem schnellfüßigen Schimmel rasch durchs geheime Pförtlein, den schmalen Fußpfad hinunter, die Feinde hinter ihm nach. Da setzte er von Dunkel und Eile, von Zorn und Rettungshast verwirrt, über einen jähen schwindelnden Abhang ins tiefe Tal. Und die milde Morgensonne beschien Mann und Ross, vom gewaltigen Sturze zerschmettert auf dem weichen Bett einer blumigen Wiese, auf welche heute noch die bemoosten Ruinen still und traurig durch dunkle Tannen herunterschauen und die von jener Schreckensnacht noch der Schimmelsprung genannt wird.

In weitläufigen Ruinen, auf zwei steilen Bergen einander gegenüber, das Grenzflüsschen Sota windet sich zwischen durch, ragen die Trümmer von Königsberg in der Steiermark und von Kaisersberg in Kroatien empor. Letzteres der Sage zufolge, ein Eigen des Tempels.

Als der Fluch der Aufhebung über den Orden erging und er von der Mutterkirche sogar dem weltlichen Arm überliefert wurde, wagte es gleichwohl niemand mit offener Gewalt die Templer auf Kaisersberg anzufallen und an das Henkersschwert auszuliefern. Einem benachbarten Adeligen wurden Burg und Güter zum Lohne verheißen, wenn er die Acht des weltlichen Gerichtes, wie den geistlichen Bannfluch an den Ausgestoßenen, Unterliegenden vollzöge, deren Pforten sich ihm, dem Gastfreund, so schnell und so willig zu jeder Stunde des tatenschweren Tages, wie der verschwiegenen Nacht aufgetan. Er nahm den Sündensold.

Mit einer Rotte schändlicher Mordgesellen anrückend, ward er wie ein Freund in der Not freudig empfangen, zechte mit den Rittern und höhnte mit ihnen jeden äußeren Feind. Alles legte sich in tiefe Ruhe. Dass sie die letzte, die ewige Ruhe sein sollte, ahnte keiner. Die Meuchelmörder warfen sich auf die schlafenden Templer. Nicht ein Einziger entfloh dem Mordstahl.

Eine unnennbare Scheu und Angst trieb daraufhin den Bösewicht umher. Alles im Schlosse verkroch und bekreuzigte sich in der Mitternachtsstunde, wenn die bärtigen Männer mit dem roten Kreuze, in die weißen Mäntel gewickelt, sich von ihren Schlafstellen erhoben und drohend ihre Wunden zeigten. Der Verräter wollte der eitlen Furcht spotten und trat einst, mit dem Schlag der zwölften Stunde, wohl betrunken und lästernde Flüche herausdonnernd, auf die Bühne seines Verbrechens. Er trat in das hallende, grabeskalte, öde Dormitorium ein. Kaum noch sahen seine furchtsamen, ferne stehenden Begleiter, dass ein blutiger Schatten, grimmigen Ernstes auf ihn zuschritt und dass der Bösewicht eiskalt und tot, von der Berührung seiner Fingerspitze, mit einem kurzen, gellenden Verzweiflungsschrei zur Erde stürzte, als die eiserne Pforte der Schlafeshalle mit furchtbarem Gebrause und Erdbeben vor ihnen zuschlug, um sich nimmer wieder aufzuschließen.

◆◆◆

Die Legende zeigt die in der Erinnerung der Menschen fortlebende Vernichtung des Templerordens. Das Ende der Templer zeichnete sich nach der Zerschlagung des Ordens in Frankreich am 13. Oktober 1307 allmählich auch in Deutschland, Böhmen, Mähren und in Österreich ab. In einem Schreiben vom 30. Dezember 1308 wendet sich Papst Clemens der V. auch an den Herzog von Österreich, Steiermark und Krain mit der Ermahnung, die in seinen Gebieten verweilenden Templer unverzüglich zu verhaften und den zuständigen Bischöfen zu übergeben, um die Ordensleute dem kirchlichen Gericht auszuliefern.

Ohne Zweifel wird auch die Komthurei Scheikwitz zuerst den Johannitern zugedacht worden sein. Die folgenden Urkunden gewähren uns aber einen Einblick in die ferneren Schicksale. Die erste vom 20. Mai 1345 führt uns einen Czenko de Vitovia vor, der über seine Güter letztwillige Verfügung trifft und dabei eines Wilhelm von Scheikwitz Erwähnung tut. Der Ordensbesitz war also, entweder unmittelbar nach Auflösung des Templerordens, oder nach kurzer Zeit in dessen Besitz, an einen Wilhelm gefallen, der sich seitdem von Scheikwitz nannte. Die andere Urkunde vom 13. Januar 1346, die eine Güterteilung der Angehörigen der Familie Lypa zu Gegenstande hat, bezeichnet unter diesen einen Berthold, Marschall des Königreiches Böhmen, als denjenigen, welchem das Schloss Scheikwitz zufällt.

In den Gebieten von Böhmen, Mähren und in den österreichischen Besitzungen verlief die Auflösung des Ordens weit unspektakulärer als in Frankreich. Es existieren hier weder Berichte über Tortur noch von Exekutionen auf dem Scheiterhaufen. Der Orden wurde hier mit der päpstlichen Bulle im Jahre 1312 einfach aufgelöst. Vieles hatten die Ritter hier in den Jahren 1307 bis 1312 bereits selbst verkauft. Das wenige, das blieb, sollte nach und nach an den Johanniterorden übergehen.

Die Auflösung des Templerordens brachte dem Großpriorat der Johanniter in Böhmen und Österreich reiche Güter. Ekko, der Komthur und Almosengebieter der Templer, fand mit manchen seiner Brüder Aufnahme im Johanniterorden. Seine Würden durfte er hier beibehalten. Es ist wahrscheinlich, dass Ekko bis zu seinem Tode oder bis zum Verkauf Komthur der neuen Johanniterkommende Scheikwitz blieb. Die Ordensbesitzungen in Österreich unterstanden der Templerkomthurei zu Scheikwitz und wurden, soferne bei der Auflösung noch im Besitz des Tempels, mit dieser an die Johanniter übergeben.

Bei der Aufhebung des Ordens war es den Brüdern aber verboten worden, ins weltliche Leben zurückzukehren. Viele waren bei den Johannitern untergekommen, manche in Klöstern. Einige legten dem Verbot zu trotz den geistlichen Habit ab, rasierten sich, kehrten ins weltliche Leben zurück und verschwanden aus der Geschichte.

Noch im Jahre 1309 wurden die Besitzungen in Fischamend, Rauchenwart und Schwechat durch Bruder Friedrich und Bruder Ekko endgültig an den Herrn von Zelking verkauft. Dies zu einer Zeit, in der der Prozess gegen die Templer in Frankreich bereits voll im Gange war. Die Templer hatten hier also noch volle Handlungsfreiheit, und es wurde versucht, unbewegliches Gut zu verkaufen und das Geld an einen sicheren Ort zu transferieren.

Die Ordensburg Lockenhaus dürfte 1312 durch die Templer nominell an die Grafen von Güssing gegen das Bleiberecht der Ordensritter übergeben worden sein.

Nach der Auflösung des Ordens fielen auch Schöngrabern und Guntersdorf an die jeweiligen Landesherren. Dagegen sprechen auch nicht früher datierte Besitzurkunden weltlicher Herren. Beim Eintritt eines Ritters in den Orden vermachte er sein Land dem Tempel. War also Grundbesitz vor der Schenkung an den Orden in Familienbesitz, so kann er es auch nachher wieder gewesen sein. Vorausgesetzt die Schenkungsurkunden verschwinden rechtzeitig. Somit war der Verlust der Besitzungen sowohl an den Johanniterorden als auch an den Landesfürsten vermieden.

Die Kirche von Schöngrabern wechselte entsprechend den historisch dokumentierten Besitzverhältnissen ausgerechnet 1307 den Besitzer. Bis zu diesem Jahr soll die Kirche zu Schöngrabern eine Filialkirche von St. Agatha in Hausleiten und damit Filiale einer alten Passauer Pfarre gewesen sein. Bliebe noch die Frage offen, ob dieser Besitzwechsel vor oder nach dem 13. Oktober 1307 vollzogen wurde und die Möglichkeit einer mittelalterlichen Verfälschung der Tatsachen.

Bei den Besitzungen in Matzen, Kronberg, Ulrichskirchen und Forchtenstein wird die Geschichte ähnlich verlaufen sein. Überall wurden die Besitzurkunden und anderes verräterisches Material entweder durch die Templer selbst oder durch die Vollstrecker des Vernichtungsbefehls zerstört. Auch die in Stein gemeißelten oder an die Wände gemalten Zeugen wurden möglichst vernichtet. Die Besitzverhältnisse wurden neu verteilt, die Güterfrage neu geregelt. Die Templer wurden im Laufe der Zeit vergessen. Man konnte zur Tagesordnung übergehen.

◆ ◆ ◆

Karten der in diesem Buch beschriebenen Orte

Karte 1:

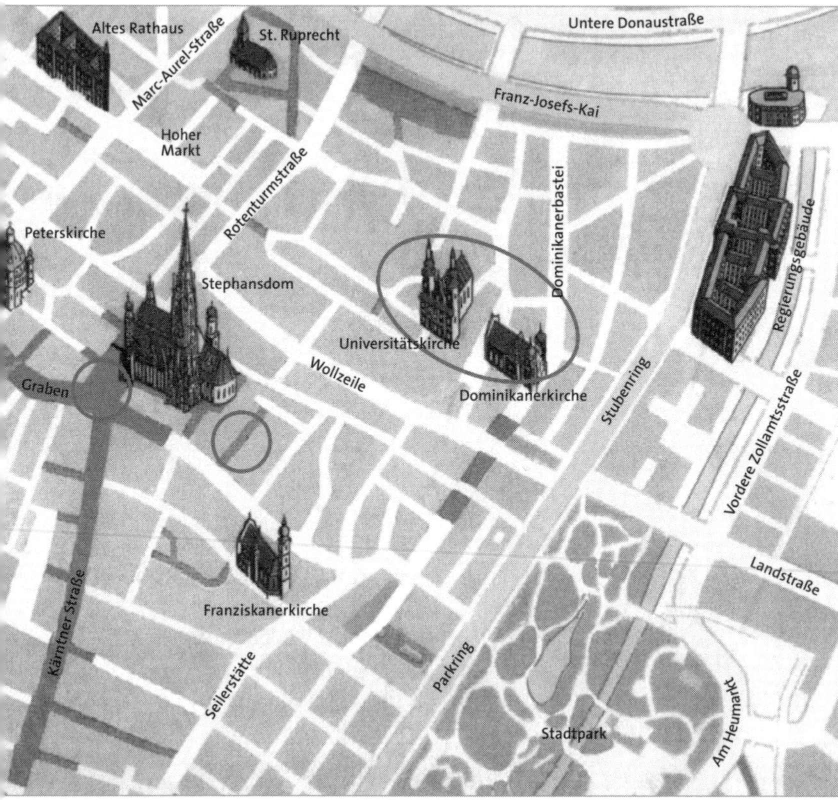

Wien: Dominikanerviertel mit dem Basiliskenhaus, die Blutgasse hinter dem Stephansdom und die unterirdische Virgilkapelle unter dem Stephansplatz.

Karte 2:

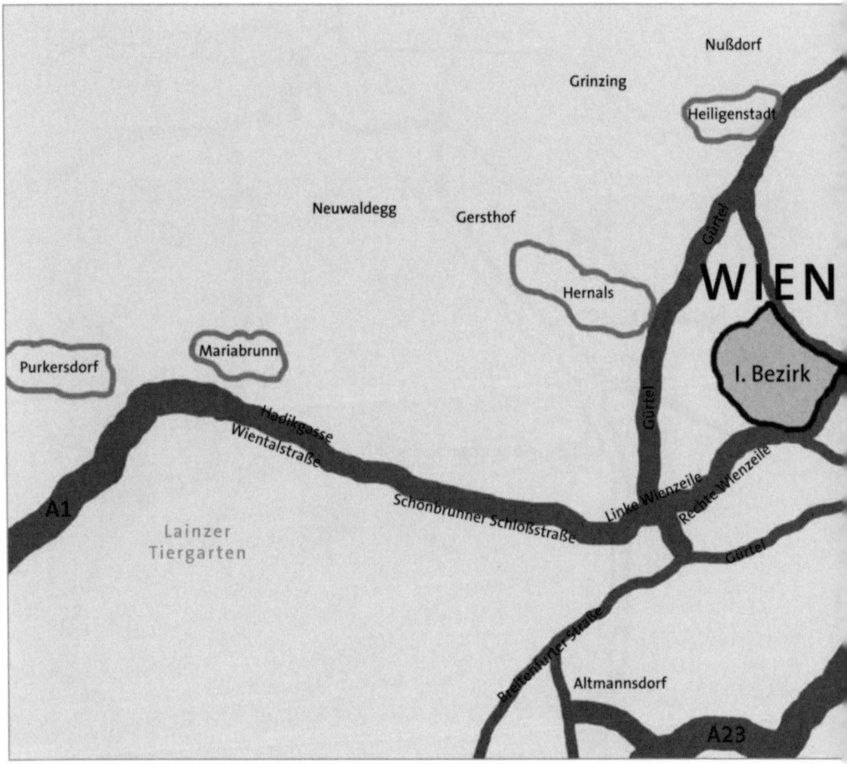

Wien: Heiligenstadt, Hernals sowie Mariabrunn und Purkersdorf mit dem Georgiberg im Westen Wiens.

Karte 3:

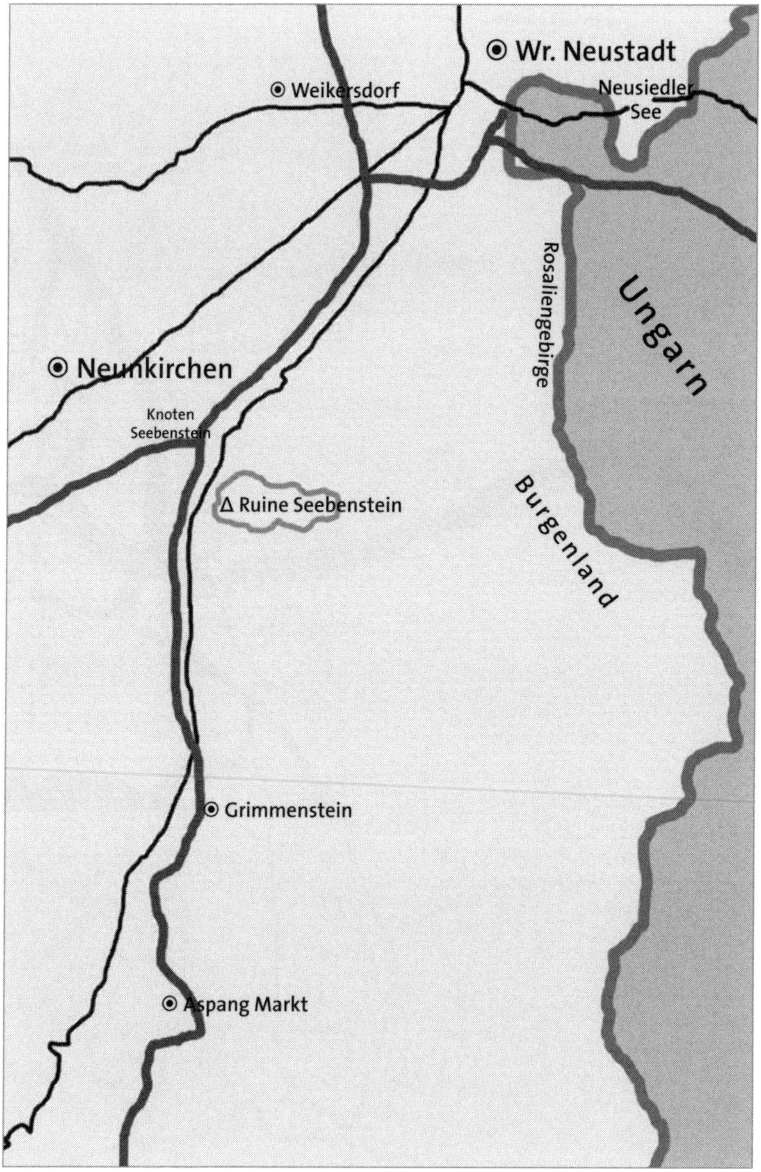

Seebenstein im Süden von Wiener Neustadt, Niederösterreich.

Karte 4:

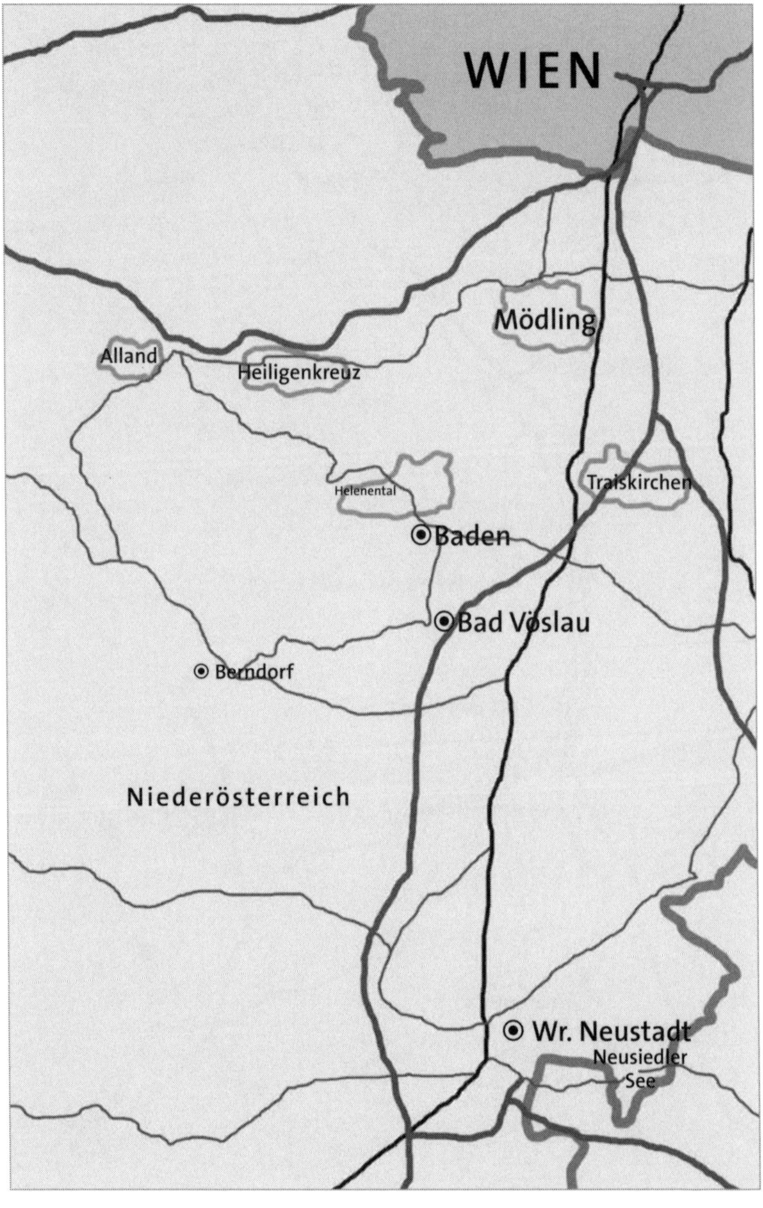

Traiskirchen, Heiligenkreuz, Alland, Helenental und Mödling in Niederösterreich.

Karte 5:

Thunau und Kamegg bei Gars sowie Eggenburg im nördlichen Niederösterreich.

Karte 6:

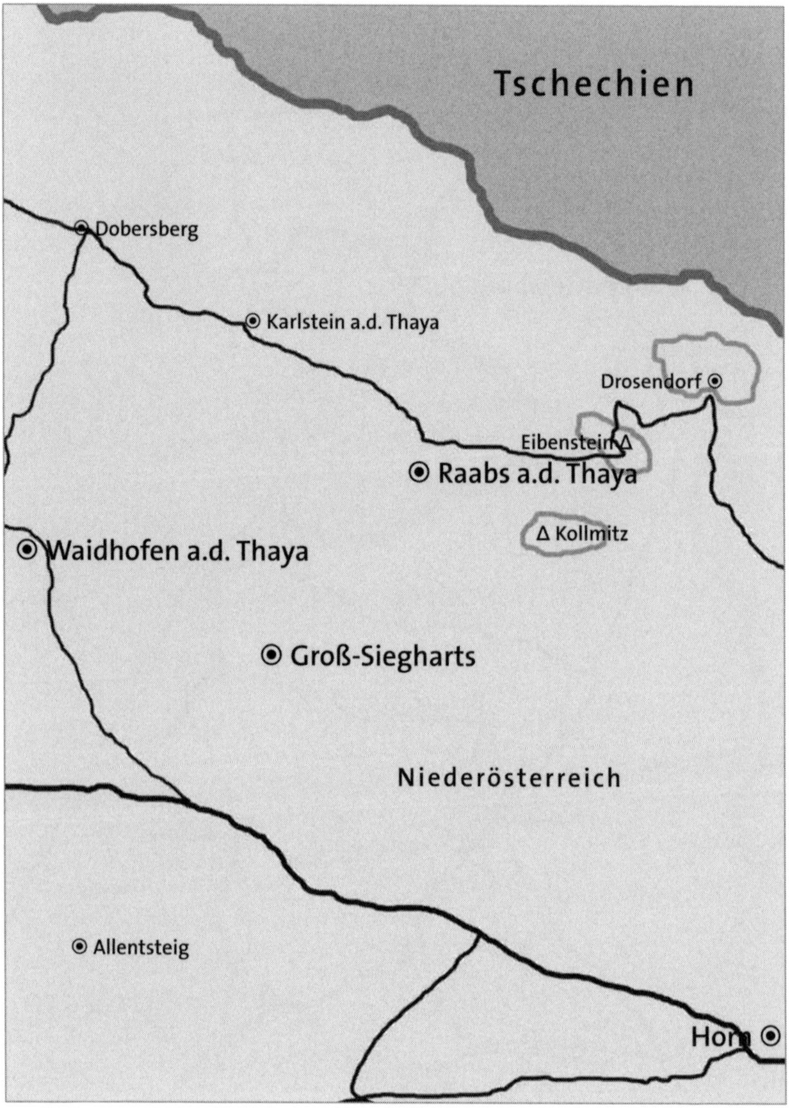

Drosendorf, Burg Eibenstein und die Ruine Kollmitz im nördlichen Niederösterreich.

Karte 7:

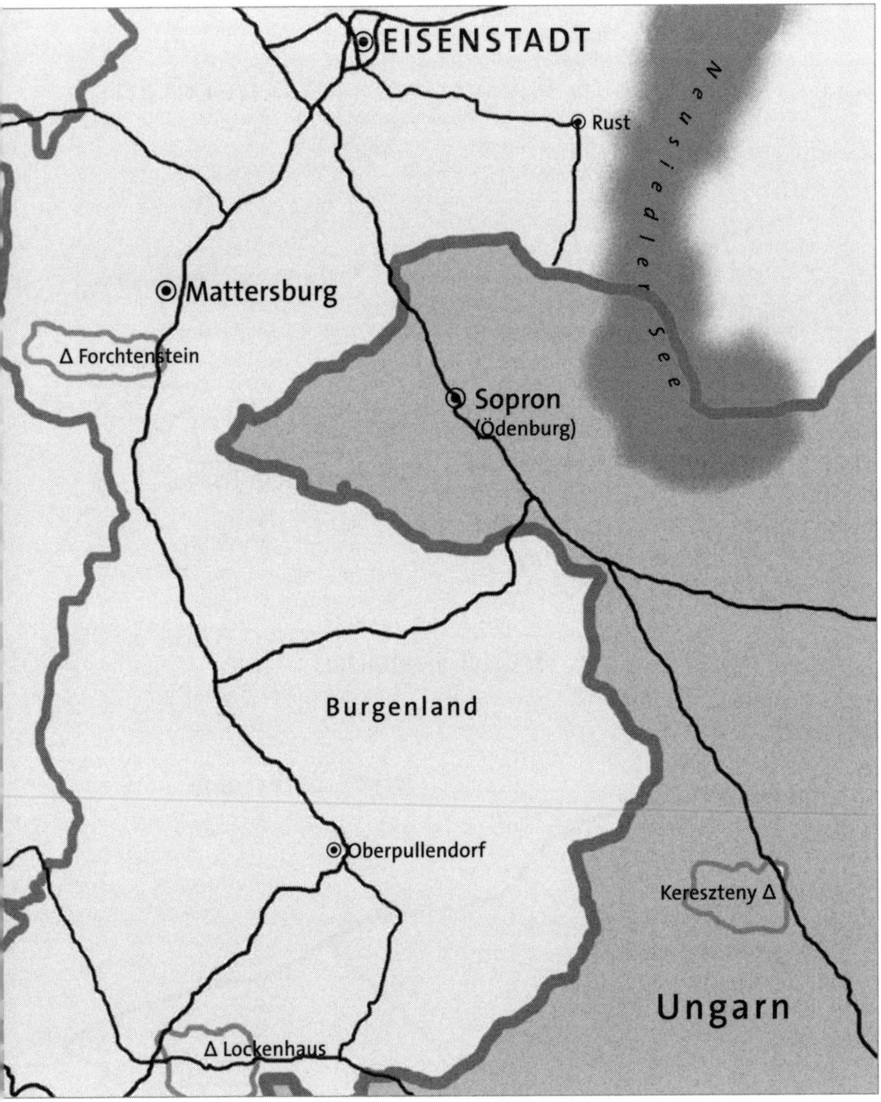

Die Burgen Forchtenstein und Lockenhaus im Burgenland sowie die „villa cruciferorum" in Kereszteny, Ungarn.

Literaturverzeichnis:

Büttner, Rudolf: Burgen und Schlösser an der Donau, Wien, 1977.
Calliano, Carl: Niederösterreichischer Sagenschatz, Baden o.J.
Gerlich, Wilhelm: Der Templerorden im Burgenland, Eisenstadt 1947.
Hormayr, Mednyansky: Taschenbuch für die vaterländische Geschichte, 3. Jg. 1822.
Hormayr, Mednyansky: Taschenbuch für die vaterländische Geschichte, 5. Jg. 1824.
Kalchhauser, Wolfgang: Mystischer Wienerwald, Wien 1999.
Kramert, Klemens: Ausgrabungen unter der St. Jakobskirche, Wien 1954.
Mailly, Anton: Der Tempelherrenorden in Niederösterreich, Wien 1923.
Penrose, Valentine: Die blutige Gräfin, Hieronimi, Bonn 1967.
Reisner, Georg: Die Lehenskirchen von St. Ulrich – eine Folge ehemaligen Templerbesitzes? Ungedrucktes Manuskript, sowie: Aus der Vergangenheit von Grünbach und Schrattenbach, Grünbach 2006.
Stenzel, Gerhard: Von Burg zu Burg in Österreich, Kremayr & Scheriau, Wien 1973.
Stenzel, Gerhard: Von Stadt zu Stadt in Österreich, Kremayr & Scheriau, Wien 1979.
Volfing, Gerhard: Auf den Spuren der Templer in Österreich, Weishaupt Verlag 2001.
Volfing, Gerhard: Die Macht des Templerordens, Weishaupt Verlag 2003.

Bildnachweis:

Abbildung aus dem sogenannten Kronprinzenwerk. Die Österreichisch-Ungarische Monarchie in Wort und Bild, Seite 20.

Gotische Konsolen und Gewölbeansätze im Blutgassenviertel. Foto Archiv Volfing, Seite 25.

Das Viertel unter dem Tempel (Stubenviertel), um 1600. Aus Anton Mailly, Der Tempelherrenorden in Niederösterreich, Wien 1923, Seite 31.

Die Burg des Graecus, Symbolfoto. Auf diesem Platz befindet sich heute die Kalvarienbergkirche. Foto Archiv Volfing, Seite 33.

Pfarrhof von St. Jakob in Heiligenstadt, Klemens Kramert, Ausgrabungen unter der St. Jakobskirche dokumentieren 1500 Jahre Heiligenstadt. Pfarre Heiligenstadt, Wien 1954, Seite 37.

Verbindungsgang und Treppe in den Katakomben zu St. Stephan zum Deutschordenshaus. Foto Archiv Volfing, Seite 41.

Purkersdorf mit Wehrkirche und Burg auf einer alten Ansicht. Foto Archiv Volfing, Seite 47.

Templer nach der Schlacht. Grafik von Gustave Dore. Archiv Volfing, Seite 51.

Burg Seebenstein in Niederösterreich. Foto Archiv Volfing, Seite 55.

Gotisches Wegkreuz in der spanischen Provinz Soria. Foto Archiv Volfing, Seite 61.

Gotischer Stein mit der Abbildung eines betenden Ordensritters. Foto Archiv Volfing, Seite 67.

Urteilstein im Helenental. Lavierte Radierung, 1860. Archiv Volfing, Seite 71.

Portal des Karners zu Mödling. Alfred Weiss, Kunsthistorischer Führer, Band 1, Mödling o.J., Seite 73.

Rundkirche bzw. Karner in Mödling. Gezeichnet von A. Pieper und C. Lee, Wiener Dombauhütte, Wien 1867. Archiv Volfing, Seite 79.

Flusslandschaft mit Schlucht. Bild aus dem sogenannten Kronprinzenwerk. Die Österreichisch-Ungarische Monarchie in Wort und Bild, Seite 83.

Stadt Eggenburg, Stephanskirche. Foto von Gerhard Stenzel, Seite 87.

Burgruine Eibenstein im Thayatal. Foto Archiv Volfing, Seite 91.

Burgruine Kollmitz bei Raabs. Foto Archiv Volfing, Seite 95.

Siegel des Bruders Friedrich von Alvensleben, Präzeptor des Templerordens per Alemaniam et Slaviam. Foto Archiv Volfing, Seite 98.

Innenhof der Burg Lockenhaus vor der Sanierung, Sammlung Prof. Paul Anton Keller. Foto Archiv Volfing, Seite 105.

Waldansicht aus Ungarn. Bild aus dem sogenannten Kronprinzenwerk. Die Österreichisch-Ungarische Monarchie in Wort und Bild, Seite 111.

Der Mädchenbrunnen an der Templerkirche zu Pösteny. Bild aus dem sogenannten Kronprinzenwerk. Die Österreichisch-Ungarische Monarchie in Wort und Bild. Seite 117.

Gefangener Tempelritter im Kerker der Inquisition. Mechanische Figur im Turmverlies im Schloss Laxenburg. Foto Archiv Volfing, Seite 3, 123.

Gerhard Volfing

Die Macht des Templerordens

ISBN 978-3-7059-0181-0
14 x 21,5 cm, 224 Seiten, 33 Abb., geb.
€ 21,70

Wo auch immer die Ritter in den weißen Waffenröcken mit dem achtspitzigen, blutroten Tatzenkreuz auf der Brust in Erscheinung traten, verstummten die Menschen aus Achtung vor ihren Leistungen und aus Ehrfurcht vor der Macht des Templerordens.

Ohne die Macht der Ritterorden, ohne den Einsatz dieser Männer hätte der Vormarsch des Islam in Richtung Europa bereits viel früher begonnen. So aber waren die Sarazenen und Türken gezwungen, in ihren ureigensten Gebieten einen Abwehrkampf zu führen und ihre Expansionsgelüste auf später zu verschieben.

Dieses Buch zeigt bisher unveröffentlichte Fakten aus dem Leben der Tempelritter und ihrer Organisation, von den Schlachten und den Festungen der Ordensbrüder. Und es zeigt auch Momentaufnahmen vom Konzil 1312, dessen Teilnehmer großteils dem Templerorden gar nicht so ablehnend gegenüberstanden.

Ernst Staehle

Die Hospitaliter im Königreich Jerusalem

Geschichte der Johanniter und Malteser, Band 1

ISBN 978-3-7059-0154-4, 14 x 21,5 cm,
296 Seiten, 47 teils farbige Abb., geb.,
€ 28,90

Ernst Staehle

Die Johanniter von Rhodos

Geschichte der Johanniter und Malteser, Band 2

ISBN 978-3-7059-0155-1, 14 x 21,5 cm,
272 Seiten, 38 teils farbige Abb., geb.,
€ 28,90

Ernst Staehle

Johanniter und Templer

Geschichte, Geheimnisse und Gegenwart

ISBN 978-3-7059-0060-8, 2. Aufl.
14 x 21,5 cm, 296 Seiten, 23 Farbabb., geb.,
€ 28,90

Täglich retten sie Menschenleben, kümmern sich in Hospitälern um Kranke, Arme und Verletzte. Und das seit 900 Jahren: Die Johanniter. Ihr Orden ist auch heute noch präsent. Hingegen sind die Templer schon seit 600 Jahren im Nebel der Geschichte verschwunden. Auf alle Fragen findet der historisch interessierte Leser umfassend Antwort in diesem Buch.

Ernst Staehle

Die Malteserritter

Geschichte der Johanniter und Malteser, Band 3

ISBN 978-3-7059-0156-8, 14 x 21,5 cm, 272 Seiten, 73 teils farbige Abb., geb., € 28,90

Ernst Staehle

Die Johanniter und Malteser der deutschen und bayerischen Zunge

Geschichte der Johanniter und Malteser, Band 4

ISBN 978-3-7059-0157-5, 14 x 21,5 cm, 304 Seiten, 47 teils farbige Abb., geb., € 28,90

Weishaupt Verlag, A-8342 Gnas 27

TEL innerhalb Österreichs: 03151-8487, FAX 03151-84874
TEL vom Ausland: +43-3151-8487, FAX +43-3151-84874
e-mail: verlag@weishaupt.at
Internet: www.weishaupt.at

Rolf M. Urrisk

Die Räderfahrzeuge des österr. Bundesheeres / Bd. 1

ISBN 978-3-900310-50-9
English Summary, 22,5 x 26,5 cm,
296 Seiten, 580 z.T. farbige Abb., geb.,
€ 49,90

Rolf M. Urrisk

Die Spezialfahrzeuge des österr. Bundesheeres / Bd. 3

ISBN 978-3-900310-52-3
English Summary, 22,5 x 26,5 cm,
312 Seiten, 600 z.T. farbige Abb., geb.,
€ 49,90

Rolf M. Urrisk

Die Wasserfahrzeuge des österr. Bundesheeres / Bd. 4

ISBN 978-3-900310-71-4
English Summary, 22,5 x 26,5 cm,
200 Seiten, 300 z.T. farbige Abb., geb.,
€ 42,90

Rolf M. Urrisk

Die Bewaffnung des österr. Bundesheeres / Bd. 5

ISBN 978-3-900310-53-0
English Summary, 22,5 x 26,5 cm,
296 Seiten, 580 z.T. farbige Abb., geb.,
€ 49,90

Rolf M. Urrisk

Die Uniformen des österr. Bundesheeres 1918–1938 / Bd. 6

ISBN 978-3-900310-93-6
English Summary, 22,5 x 26,5 cm,
208 Seiten, 240 z.T. farbige Abb., geb.,
€ 49,90

Rolf M. Urrisk

Die Uniformen des österr. Bundesheeres 1952–1995 / Bd. 7

ISBN 978-3-7059-0012-7
English Summary, 22,5 x 26,5 cm, 288 Seiten, 580 z.T. farbige Abb., geb., € 61,80

Rolf M. Urrisk

Die Traditionspflege des österr. Bundesheeres 1918–1998 / Bd. 8

ISBN 978-3-7059-0048-6, 22,5 x 26,5 cm, 304 Seiten, 600 z.T. farbige Abb., geb., € 61,80

Rolf M. Urrisk

Bundesheer 2000 / Bd. 9

ISBN 978-3-7059-0073-8
22,5 x 26,5 cm, 256 Seiten,
über 500 teils farbige Abb., geb.,
€ 49,90

Rolf M. Urrisk

Die Einsätze des österreichischen Bundesheeres im In- und Ausland von 1955–2002 / Bd. 10

ISBN 978-3-7059-0096-7, 2. Aufl.,
22,5 x 26,5 cm, 336 Seiten, 650 z. T. farbige Abb., geb., € 61,80

Rolf M. Urrisk

100 Jahre Panzerwaffe im österreichischen Heer / Bd. 11

ISBN 978-3-7059-0238-1
22,5 x 26,5 cm, 320 Seiten, über 500 großteils farbige Abb., geb., € 61,80